To my revered Guru Prof. V.S.V Guruswamy Sastrigal
who inspired me with his amazing fluency in Sanskrit

About the Author

K. Maheswaran Nair took his Masters in Sanskrit (Vedanta) with first class first rank from the University of Kerala in 1971. He took his Masters in Russian Lang. and Litt. in 1975 and Ph.D. in Sanskrit in 1989 from the same university. He retired from the University of Kerala as Professor of Sanskrit and Hon. Director of the Centre for Vedanta Studies. He has been teaching Sanskrit for the last fifty years in India and abroad.

He has given Sanskrit courses, lectures etc at the Universities of Vienna (Austria), Bucharest and Sibiu (Romania), Brussels (Belgium), Minsk (Belarus), Oxford, Cambridge and Edinborough (UK), Hamburg (Germany) and Russia.

Sanskrit can be learned systematically like any other Indo-European language. While learning Russian, the methodology followed by the teachers in teaching Russian impressed him very much. He decided to compile a Sanskrit primer using the same methodology.

He compiled a few lessons and used the same for teaching Sanskrit to native as well as foreign students and found it much useful. He further developed the same and it is being published in this book form.

Dr. K. Maheswaran Nair

Address: Kailasam, MLR - 3, Mangalam Lane, Sasthamangalam PO, Thiruvananthapuram, Kerala, India PIN: 695010

Mobile number: +919387802849
Email: ralidh@gmail.com

Contents

Lesson 1	Sanskrit Alphabet	1
Lesson 2	How to Write the Letters and Numerals	5
Lesson 3	संभाषणम्।	9
Lesson 4	रामः।	24
Lesson 5	सुन्दोपसुन्दौ।	42
Lesson 6	संस्कृतम्।	57
Lesson 7	उपमन्युः	81
Lesson 8	रावणः।	101
Lesson 9	दशरथः।	119
Lesson 10	भगवद्गीतायाः श्लोकाष्टकम्	137
Lesson 11	माण्डूक्योपनिषद्।	155
Lesson 12	चारुदत्तः वसन्तसेना च।	171

Sanskrit Alphabet

संस्कृताक्षरमाला।

स्वराः - Vowels

अ आ इ ई उ ऊ ऋ ॠ ऌ ए ऐ ओ औ अं अः

The long form of ऌ is very rarely used.

व्यञ्जनानि - Consonants

क ख ग घ ङ

च छ ज झ ञ

ट ठ ड ढ ण

त थ द ध न

प फ ब भ म

य र ल व

श ष स ह

Vowels (स्वराः)	Transliteration
अ	a
आ	aa
इ	i
ई	ii
उ	u
ऊ	uu

ऋ	r
ॠ	rr
ऌ	l
ए	e
ऐ	ai
ओ	o
औ	au

Support Vowels

| अं | (अनुस्वारः) | am |
| अः | (विसर्गः) | ah |

Consonants

क ख ग घ ङ - क series/gutturals (कवर्गः)

च छ ज झ ञ - च series/palatals (चवर्गः)

ट ठ ड ढ ण - ट series/cerebrals (टवर्गः)

त थ द ध न - त series/dentals (तवर्गः)

प फ ब भ म - प series/labials (पवर्गः)

य र ल व - semi-vowels (अन्तस्थाः)

श ष स ह - sibilants (ऊष्माणः)

Vowel Signs

Every consonant is supposed to consist of the short vowel अ for the sake of pronunciation of the consonant. Therefore, there is no vowel sign for short अ.

Example   क् + अ - क

Vowel	**Sign**	**Example**
आ	ा	का
इ	ि	कि

ई	ी	की
उ	ु	कु
ऊ	ू	कू
ऋ	ृ	कृ
ॠ	The long form ॠ is very rarely used.	
ए	े	के
ऐ	ै	कै
ओ	ो	को
औ	ौ	कौ
अं	ं	कं
अः	ः	कः

Consonant Sign

It is a slanting mark below the consonant.

Example क्, च्, द्, त्, प्

Script

The script presented here is known as Devanagari (देवनागरी) which evolved from the old Brāhmī script.

Pronunciation

Sanskrit is pronounced almost in the same way as it is written.

Some points to be noted:

1. As stated earlier, every consonant is supposed to have in it, the short vowel अ for the sake of pronunciation of the consonant.

2. Whenever the consonant is to be pronounced alone, that is without अ, the consonant sign is added to the consonant.

   Example क्, त्, द्

3. A letter is mentioned by adding - कारः to it.

    Example अकारः The letter अ

    नकारः The letter न

    वकारः The letter व

    Exception. The letter र is usually mentioned as रेफः only.

4. The vowels ए, ऐ, ओ, औ are always long; they have no short forms.

5. अनुस्वारः and विसर्गः come only after vowels.

6. ॠ (long) is rarely and ॡ (long) are very rarely used.

How to Write the Letters and Numerals

३ ३ अ अ
३ ३ अ आ। आ
इ इ
इ इ ई
उ उ
उ ऊ ऊ

ऋ ऋ ऋ ऋ
ॠ ॠ ॠ ॠ
ऌ ऌ ऌ

ए ए ए
ए ए ए ऐ
३ ३ अ आ। आ ओ
३ ३ अ आ। आ ओ औ
३ ३ अ अं
३ ३ अ अ अः

। क क
८ ९ ख ख
ग ग ग
६ ध घ
ड ड ड

च च च
छ छ छ
ज ज ज
इ इ झ झ
ञ ञ ञ ञ

ट
ठ
ड
ढ
ण

त
थ
द
ध
न

प
फ
ब
भ
म
य
र
ल
व
श
ष
स
ह

क्ष
त्र
ज्ञ

संख्याशब्दाः - Numerals

०

१

२

३

४

५

६

७
८
९
१०

EXERCISE

1. Read aloud and write:

Letter	Word	Meaning
अ	अहम्	I
आ	आनन्दः	delight
इ	इह	here
ई	ईषद्	a little
उ	उत्तरम्	answer
ऊ	ऊर्ध्वं	upwards
ऋ	ऋषयः	sages
ए	एतत्	this
ऐ	ऐहिकम्	worldly
ओ	ओषधिः	plant
औ	औषधम्	medicine
क	कथा	story
ख	खलः	wicked
ग	गगनं	sky
घ	जघनं	buttock
ङ	वाङ्मयम्	literature
च	चटका	hen-sparrow
छ	छाया	shade, shadow

ज	जनः	person, people
झ	झंझा	hurricane
ञ	व्यञ्जनं	consonant
ट	पटः	cloth
ठ	पाठः	lesson
ड	क्रीडा	play, game
ढ	ढक्का	drum
ण	बाणः	arrow
त	तत्त्वं	reality
थ	अथ	after
द	दया	pity
ध	धनुः	bow
न	नदी	river
प	पर	beyond, above
फ	फलं	fruit
ब	बहु	much, many
भ	भवः	world
म	मतिः	intellect
य	यशः	fame
र	रसना	tongue
ल	लक्ष्म	sign
व	वदनं	face/mouth
श	शत्रुः	enemy
ष	षट्	six
स	समस्तं	entire, all
ह	हन्ता	killer

संभाषणम्।

एषः बालकः। एषा बालिका। बालिका पृच्छति। बालकः वदति।

बालिका - तत् किम्?

बालकः - तत् पात्रम्।

बालिका - तत्र किम्?

बालकः - तत्र फलम्।

बालिका - फलं मधुरं किम्?

बालकः - आम्, फलं मधुरम्।

बालिका - इदं किम्?

बालकः - इदं पुस्तकम्।

बालिका - इदं कथापुस्तकं किम्?

बालकः - आम्, इदं कथापुस्तकं भवति।

बालिका - इदं रामकथापुस्तकं किम्?

बालकः - आम्, इदं रामकथापुस्तकम्।

बालिका - तत्र कथानायकः कः?

बालकः - तत्र कथानायकः रामः।

बालिका - तत्र कथानायिका का?

बालकः - तत्र कथानायिका सीता।

अथ बालकः पृच्छति। सः उच्चैः पृच्छति। बालिका वदति।

बालकः - रामः कीदृशः?

बालिका - रामः धर्मज्ञः।

बालकः - पुनः कीदृशः?

बालिका - सः समर्थः च।

बालकः - सः सुन्दरः किम्?

बालिका - आं, सः सुन्दरः।

बालकः - रामः महर्षिः किम्?

बालिका - न, सः न महर्षिः, सः राजा।

बालकः - सीता कीदृशी?

बालिका - सीता पतिव्रता।

बालकः - पुनः कीदृशी?

बालिका - सा सुन्दरी।

बालकः - सीता रामपत्नी किम्?

बालिका - आं, सा रामपत्नी। रामः सीतापतिः।

बालकः - रामायणकारः कः?

बालिका - रामायणकारः वाल्मीकिः।

बालकः - सः महर्षिः किम्?

बालिका - आं, सः महर्षिः एव।।

Vocabulary

Abbreviations used:

f - feminine

i - indeclinable

m - masculine

n - neuter

v - verb

संभाषणम् (n) conversation	तत् (n) that
किम् (n) what	पात्रम् (n) plate, vessel
तत्र (i) there, therein, in it	फलम् (n) fruit
मधुरम् (n) sweet	पुस्तकं (n) book
एषः (m) this	बालकः (m) boy
एषा (f) this	बालिका (f) girl

पृच्छति (v) asks	वदति (v) answers, says
इदम् (n) this	कथापुस्तकं (n) story book
आम् (i) yes	भवति (v) is
रामकथापुस्तकं (n) story book on Rama	कथानायकः (m) hero
कः (m) who	रामः (m) Rama
कथानायिका (f) heroine	का (f) who
सीता (f) Sita	अथ (i) then, thereafter, hereafter
उच्चैः (i) loudly	कीदृशः (m) what kind of
धर्मज्ञः (m) duty-conscious	सः (m) he
समर्थः (m) adept, able	च (i) also
सुन्दरः (m) handsome	महर्षिः (m) sage
न (i) no, not	राजा (m) king
कीदृशी (f) what kind of	पतिव्रता (f) chaste
सुन्दरी (f) beautiful	रामपत्नी (f) wife of Rama
सा (f) she	सीतापतिः (m) husband of Sita
रामायणकारः (m) author of Ramayana	वाल्मीकिः (m) Valmiki
एव (i) indeed, exactly, just	

Notes on the vocabulary

तत् किम्?	What is that?
इदं किम्?	What is this?
रामः कीदृशः?	What kind of a person is Rama?
सीता कीदृशी?	What kind of a person is Sita?
पुनः कीदृशः/पुनः कीदृशी?	What kind else?

धर्मज्ञः - duty-conscious, one who knows duty.

Sanskrit has the power of making compound. The word ज्ञः can be added to a word to make it a compound and mean one who knows the same.

वेदज्ञः   one who knows the Vedas.

कृतज्ञः grateful, one who acknowledges favours received.

रामायणकारः Author of Ramayana.

The word कारः can be added to a word to make it a compound meaning the author or producer of the same.

नाटककारः author of drama

प्रबन्धकारः author of essay

Cardinal Numerals 0-10

०	शून्य	0	Zero
१	एक	1	One
२	द्वि	2	two
३	त्रि	3	three
४	चतुर्	4	four
५	पञ्च	5	five
६	षट्	6	six
७	सप्त	7	seven
८	अष्ट	8	eight
९	नव	9	nine
१०	दश	10	ten

Grammar

1. Sanskrit has no article.

   पुस्तकं may mean a book or the book.

   नायकः may mean a hero or the hero.

   नायिका may mean a heroine or the heroine.

2. There are only three kinds of words in Sanskrit:

Nouns (नामानि), verbs (क्रियाः) and indeclinables (अव्ययानि).

बालकः, रामायणम्, सीता etc are nouns.

पृच्छति, वदति, भवति etc are verbs.

पुनः, तत्र, च, न etc are indeclinables.

3. Nouns have stem (प्रातिपदिकम्), ending (अन्तः), gender (लिङ्गं), number (वचनं) and case (विभक्तिः) and various forms accordingly.

4. Declension (विभक्तिः)

Sanskrit nouns are declined i.e. they take different case forms. There are seven cases and a sub- case in Sanskrit. They are:

1. Nominative case	(प्रथमाविभक्तिः)
Vocative case	(संबोधनप्रथमा)
2. Accusative case	(द्वितीयाविभक्तिः)
3. Instrumental case	(तृतीयाविभक्तिः)
4. Dative case	(चतुर्थीविभक्तिः)
5. Ablative case	(पञ्चमीविभक्तिः)
6. Genitive case	(षष्ठीविभक्तिः)
7. Locative case	(सप्तमीविभक्तिः)

5. Noun-stem (प्रातिपदिकम्) and ending (अन्तः)

The basic form of a noun is called प्रातिपदिकम्. The ending of the प्रातिपदिकम् is important for identifying the pattern of its declension. The final letter of the प्रातिपदिकम् generally decides the ending.

Noun-stem	Ending	Word
(प्रातिपदिकम्)	(अन्तः)	(शब्दः)
बालक	अ (अकारान्तः)	बालकः (m)

राम	अ (अकारान्तः)	रामः (m)
नायिका	आ (आकारान्तः)	नायिका (f)
सीता	आ (आकारान्तः)	सीता (f)
सीतापति	इ (इकारान्तः)	सीतापतिः (m)
वाल्मीकि	इ (इकारान्तः)	वाल्मीकिः (m)
कीदृशी	ई (ईकारान्तः)	कीदृशी (f)
रामपत्नि	ई (ईकारान्तः)	रामपत्नी (f)
बालिका	आ (आकारान्तः)	बालिका (f)
पात्र	अ (अकारान्तः)	पात्रम् (n)
फल	अ (अकारान्तः)	फलम् (n)
पुस्तक	अ (अकारान्तः)	पुस्तकम् (n)
मधुर	अ (अकारान्तः)	मधुरम् (n)
नायक	अ (अकारान्तः)	नायकः (m)
कीदृश	अ (अकारान्तः)	कीदृशः (m)
धर्मज्ञ	अ (अकारान्तः)	धर्मज्ञः (m)
समर्थ	अ (अकारान्तः)	समर्थः (m)
सुन्दर	अ (अकारान्तः)	सुन्दरः (m)
पतिव्रता	आ (आकारान्तः)	पतितव्रता (f)
सुन्दरी	ई (ईकारान्तः)	सुन्दरी (f)
महर्षि	इ (इकारान्तः)	महर्षिः (m)

Note

Masculine and neuter noun-stems (प्रातिपदिकम्) ending in अ (अकारान्तः) take different endings in case forms:

बालक अ ending (अकारान्तः) बालकः (m) - अः

पात्र अ ending (अकारान्तः) पात्रम् (n) - अम्

नायक अ ending (अकारान्तः) नायकः (m) - अः

फल अ ending (अकारान्तः) फलम् (n) - अम्

6. Gender (लिङ्गम्)

There are three genders in Sanskrit:

Masculine (पुंलिङ्गम्)

Feminine (स्त्रीलिङ्गम्)

Neuter (नपुंसकलिङ्गम्)

Sanskrit gender is not dependent on the sex of the meaning of the word. It is rather grammatical.

एषः, बालकः, रामः, वाल्मीकिः, महर्षिः etc are masculine. (पुंलिङ्गं)

एषा, बालिका, सीता, पतिव्रता, पत्नी etc are feminine. (स्त्रीलिङ्गं)

एतत्, तत्, इदं, पुस्तकम्, etc are neuter. (नपुंसकलिङ्गं)

7. Gender and Endings

Words with the same ending can be of different genders:

रविः = सूर्यः sun इः रविः इकारान्तः पुंलिङ्गः।

भूमिः = क्षितिः earth इः भूमिः इकारान्तः स्त्रीलिङ्गः।

ऋषिः = मुनिः sage इः ऋषिः इकारान्तः पुंलिङ्गः।

मतिः = बुद्धिः intellect, knowledge इः मतिः इकारान्तः स्त्रीलिङ्गः।

8. Verbs have root (धातुः), pada (पदं), lakara (लकारः), person (पुरुषः), number (वचनं) and various forms accordingly.

9. Indeclinables are used invariably. Hence, they are the easiest to be learned. Indeclinables, when compared with nouns and verbs, are very few.

10. Number (वचनं)

There are three numbers in Sanskrit: singular (एकवचनं), dual (द्विवचनं) and plural (बहुवचनं). Singular (एकवचनं) denotes one, dual (द्विवचनं) denotes two and plural (बहुवचनं) denotes three or more.

11. Pronouns (सर्वनामानि)

तत्, सा, स: etc are pronouns. Unlike in English, the Sanskrit pronouns सा, स: etc may replace not only nouns denoting animate beings, but nouns denoting inanimate objects in accordance with the gender of the nouns. Compare the following Sanskrit and English sentences:

कृष्ण: वदति	-	Krishna says.
स: उच्चै: वदति	-	He speaks loudly.
वृक्ष: तिष्ठति	-	A tree stands.
स: महावृक्ष:	-	It is a big tree.
सीता गच्छति	-	Sita goes.
सा मन्दं गच्छति	-	She walks slowly.
लता हरिता भवति	-	The creeper is green.
सा पतति	-	It falls.

12. Interrogation (प्रश्न:)

The word किं meaning what, is used as an interrogative word too.

इदं कथापुस्तकं किम्? Is this a story book?

इदं रामकथापुस्तकं किम्? Is this a story book on Rama?

राम: महर्षि: किम्? Is Rama a sage?

अपि and उत are also interrogative words. किम्, अपि and उत are added to statements to make them interrogative sentences. These are usually used in the beginning or end of the sentences. A statement can be changed into a question by enjoining an interrogative word.

राम: महर्षि: - Rama is a sage.

रामः महर्षिः किम्? Is Rama a sage?

अपि रामः महर्षिः? Is Rama a sage?

उत रामः महर्षिः? Is Rama a sage?

13. Positive and negative answers (अङ्गीकारः निषेधः च)

वाल्मीकिः महर्षिः किम्? - Is Valmiki a sage?

आं, सः महर्षिः एव - Yes, he is a sage indeed.

अपि रामः महर्षिः? Is Rama a sage?

न, सः न महर्षिः, सः राजा No, he is not a sage, but a king.

14. Word order (पदक्रमः)

The meaning of a word in Sanskrit is not dependent on its position in a sentence. As such, there is no specific word order in Sanskrit. All the following sentences have the same meaning.

This is a story book on Rama.

इदं रामकथापुस्तकं भवति।

भवति इदं रामकथापुस्तकम्।

रामकथापुस्तकं भवति इदम्।

रामकथापुस्तकम् इदं भवति।

इदं भवति रामकथापुस्तकम्।

भवति रामकथापुस्तकम् इदम्।

However, in prose it is better to keep the order of subject, object and verb and add qualifiers of each just before. This will be dealt with in more detail later.

15. Punctuation

The virama sign (विरामः) । is the only punctuation mark in Sanskrit. It is used as fullstop. At the end of paragraphs and stanzas the same sign is used in pair ॥ Now the usual marks of punctuation borrowed from English are also used in Sanskrit.

EXERCISES

1. Sort out the nouns, verbs and indeclinables. (Look for details in the vocabulary of the lesson. Since nouns have gender they will be marked as n, m or f within brackets. Verb is marked as v and indeclinables as i).

एषः, पृच्छति, बालकः, वदति, बालिका, एषा, तत्, पात्रम्, फलम्, मधुरम्, इदं, किं, भवति, पुस्तकं, पुनः, तत्र, नायकः, रामः, नायिका, सीता, कीदृशः, धर्मज्ञः, च, समर्थः, सुन्दरः, न, राजा, कीदृशी, पतिव्रता, सा, सुन्दरी, कथापुस्तकं, रामपत्नी, सीतापतिः, रामायणकारः, कः, वाल्मीकिः, सः, महर्षिः, आं, एव।

2. Change the following statements into questions by adding किं and अपि

Model:

रामः धर्मज्ञः।

किं रामः धर्मज्ञः? रामः धर्मज्ञः किम्? अपि रामः धर्मज्ञः? रामः धर्मज्ञः अपि?

i) इदं पुस्तकम्।

ii) इदं रामकथापुस्तकम्।

iii) तत्र नायिका सीता।

iv) रामः धर्मज्ञः।

v) रामायणकारः वाल्मीकिः।

3. Answer the questions in the affirmative:

Model:

इदं कथापुस्तकं किम्? आम्, इदं कथापुस्तकं।

i) इदं रामायणं किम्?

ii) सः समर्थः किम्?

iii) सा सुन्दरी किम्?

iv) सः रामः किम्?

v) सः सुन्दरः किम्?

vi) वाल्मीकिः महर्षिः किम्?

vii) इदं फलं किम्?

4. Answer the questions in the negative:

Model:

तत् पात्रं किम्? न, तत् न पात्रम्।

i) एषः बालकः किम्?

ii) बालिका पृच्छति किम्?

iii) रामः नायकः किम्?

iv) सीता सुन्दरी किम्?

v) रामः सुन्दरः किम्?

vi) सीता नायिका किम्?

vii) रामः सीतापतिःकिम्?

5. Make compound adding ज्ञः or कारः:

Model:

पाठ + ज्ञः - पाठज्ञः, पाठ + कारः - पाठकारः।

काव्य + कारः - काव्यकरारः, काव्य + ज्ञः - काव्यज्ञः।

पात्र, मधुर, शास्त्र, अक्षर, स्वर, पुस्तक, क्षेत्र, दीप, नाद, घट, पट, युक्त, हित, क्रोध, वाक्य, गुण, नय, वेदांग, तत्त्व, वीर्य, प्रिय।

6. Answer the questions choosing appropriate pronoun from among the following: तत्, सा, सः

Model:

रामः राजा किम्? आम्, सः राजा।

पुस्तकं रामायणं किम्? आम्, तत् रामयणम्।

सीता पतिव्रता किम्? आम्, सा पतिव्रता।

i) बालकः पृच्छति किम्?

ii) बालिका वदति किम्?

iii) वाल्मीकिः रामायणकारः किम्?

iv) रामायणं काव्यं किम्?

v) सीता रामपत्नी किम्?

vi) फलं मधुरं किम्?

7. **Translate into English:**

Model:

फलं मधुरं भवति The fruit is sweet.

i) इदं पुस्तकं भवति।

ii) तत् पात्रं भवति।

iii) अत्र फलं भवति।

iv) इदं कथापुस्तकं भवति।

v) तत्र नायकः कः?

vi) तत्र नायकः रामः।

vii) तत्र नायिका का?

viii) तत्र नायिका सीता।

ix) इदं रामकथापुस्तकं किम्?

x) आम्, इदं रामकथापुस्तकम्।

8. **Translate into Sanskrit:**

Model:

The boy asks - बालकः पृच्छति।

i) The girl asks.

ii) The boy answers.

iii) The girl answers.

iv) What kind of a person is Valmiki?

v) Is he a sage?

vi) Who is the author of Ramayana?

vii) No, he is not a sage.

viii) Yes, he is a sage.

ix) He is a king.

x) She is chaste.

9. Make ten Sanskrit sentences using the words you learned:

Model:

रामायणं पुस्तकं भवति।

10. Memorise:

1. There are only three kinds of words in Sanskrit:

   Nouns (नामानि), verbs (क्रियाः) and indeclinables (अव्ययानि)

2. Nouns have stem (प्रातिपदिकम्), ending (अन्तः), gender (लिङ्गं) number (वचनं) and case (विभक्तिः) and various forms accordingly.

3. There are seven cases and a sub-case in Sanskrit.

   1. Nominative case (प्रथमाविभक्तिः)

   Vocative case (संबोधनप्रथमा)

   2. Accusative case (द्वितीयाविभक्तिः)

   3. Instrumental case (तृतीयाविभक्तिः)

   4. Dative case (चतुर्थीविभक्तिः)

   5. Ablative case (पञ्चमीविभक्तिः)

   6. Genitive case (षष्ठीविभक्तिः)

   7. Locative case (सप्तमीविभक्तिः)

4. The basic form of a noun is called प्रातिपदिकम्. The ending of the प्रातिपदिकम् is important for identifying the pattern of its declension.

5. Verbs have root (धातुः), pada (पदं), lakara (लकारः), person (पुरुषः), number (वचनं) and various forms accordingly.

6. Indeclinables are used invariably. Hence, they are the easiest to be learned. Indeclinables, compared with nouns and verbs, are very few.

7. There are three numbers in Sanskrit: singular (एकवचनं) dual (द्विवचनं) and plural (बहुवचनं). Singular (एकवचनं) denotes one, dual (द्विवचनं) denotes two and plural (बहुवचनं) denotes three or more.

11. Read aloud and write:

- अः बालकः अकारान्तः पुंलिङ्गः।

- आ बालिका आकारान्तः स्त्रीलिङ्गः।

- अम् पात्रम् अकारान्तः नपुंसकलिङ्गः।

- अम् फलम् अकारान्तः नपुंसकलिङ्गः।

- अम् मधुरम् अकारान्तः नपुंसकलिङ्गः।

- अम् पुस्तकम् अकारान्तः नपुंसकलिङ्गः।

- अः नायकः अकारान्तः पुंलिङ्गः।

- अः रामः अकारान्तः पुंलिङ्गः।

- आ नायिका आकारान्तः स्त्रीलिङ्गः।

- आ सीता आकारान्तः स्त्रीलिङ्गः।

- अः कीदृशः अकारान्तः पुंलिङ्गः।

- अः धर्मज्ञः अकारान्तः पुंलिङ्गः।

- अः समर्थः अकारान्तः पुंलिङ्गः।

- अः सुन्दरः अकारान्तः पुंलिङ्गः।

- ई कीदृशी ईकारान्तः स्त्रीलिङ्गः।

- आ पतिव्रता आकारान्तः स्त्रीलिङ्गः।

- ई सुन्दरी ईकारान्तः स्त्रीलिङ्गः।

- ई रामपत्नी ईकारान्तः स्त्रीलिङ्गः।

- इः सीतापतिः इकारान्तः पुंलिङ्गः।

- अः रामायणकारः अकारान्तः पुंलिङ्गः।

- इः वाल्मीकिः इकारान्तः पुंलिङ्गः।

- इः महर्षिः इकारान्तः पुंलिङ्गः।

रामः।

वाल्मीकिः पृच्छति - हे महर्षे नारद अहं श्रोतुम् इच्छामि। कः नु सांप्रतं गुणवान्? कः च वीर्यवान्? कः विद्वान्? कः धर्मज्ञः? कः च कृतज्ञः? कः सत्यवाक्यः? कः दृढव्रतः? कः विद्वान्? कः समर्थः? कः द्युतिमान्? कः अनसूयकः? महर्षे त्वं समर्थः असि। त्वं वक्तुम् अर्हसि।

नारदः वदति - ईदृशः नरः रामःभवति। रामः इक्ष्वाकुवंशजः। सः महावीर्यः। सः धृतिमान्। सः बुद्धिमान्। सः नीतिमान्। सः वाग्मी। सः श्रीमान्। सः विपुलांसः। सः महाबाहुः। सः कंबुग्रीवः। सः महाहनुः। सः महोरस्कः। सः आजानुबाहुः। सः सुललाटः। सः समविभक्तांगः। सः स्निग्ग्धवर्णः। सः प्रतापवान्। सः विशालाक्षः। सः सत्यसन्धः। सः यशस्वी। सः ज्ञानसंपन्नः। सः शुचिः। सः समाधिमान्। सः रिपुनिषूदनः। सः रक्षिता। सःस्मृतिमान्। सः प्रतिभानवान्। सः सर्वलोकप्रियः। सः साधुः। सः सर्वदा अभिगतः। सः आर्यः। सः सर्वसमः। सः सर्वगुणोपेतः। सः सूर्यः इव द्युतिमान्। सः सोमवत् प्रियदर्शनः।

Vocabulary

Abbreviations used:

n.s. - nominative singular

f.n.s. - feminine nominative singular

m.n.s. - masculine nominative singular

n.n.s. - neuter nominative singular

f.v.s. - feminine vocative singular

m.v.s. - masculine vocative singular

n.v.s. - neuter vocative singular

पृच्छति (v) asks	हे (i) Oh!
महर्षे (m.v.s.) Oh sage!	नारद (m.v.s.) Oh Narada!
अहम् (n.s.) – I	श्रोतुम् (i) to hear, to listen
इच्छामि (v) I wish, I like	कः (m.n.s.) who
सांप्रतं (i) now	गुणवान् (m.n.s.) virtuous

वीर्यवान् (m.n.s.) vigorous	कृतज्ञः (m.n.s.) thankful
सत्यवाक्यः (m.n.s.) truthful	दृढव्रतः (m.n.s.) persistent
विद्वान् (m.n.s.) scholar	समर्थः (m.n.s.) able, adept
द्युतिमान् (m.n.s.) brilliant	अनसूयकः (m.n.s.) not jealous
त्वं (n.s.) you	असि (v) (you) are
वक्तुम् (i) to tell	अर्हसि (v) (you are) competent
नारदः (m.n.s.) Narada	ईदृशः (m.n.s.) this kind of
नरः (m.n.s.) person, man	इक्ष्वाकुवंशजः (m.n.s.) born in the race of Ikshvaku
महावीर्यः (m.n.s.) highly vigorous	धृतिमान् (m.n.s.) steadfast
बुद्धिमान् (m.n.s.) intelligent	नीतिमान् (m.n.s.) just, moral
वाग्मी (m.n.s.) orator	श्रीमान् (m.n.s.) propitious
विपुलांसः (m.n.s.) one who has broad shoulders	महाबाहुः (m.n.s.) one who has great arms
कंबुग्रीवः (m.n.s.) one whose neck is like a conch-shell	महाहनुः (m.n.s.) one who has high cheek bones
महोरस्कः (m.n.s.) one who has broad chests	आजानुबाहुः (m.n.s.) one whose arms are upto the knees
सुललाटः (m.n.s.) one who has broad forehead	समविभक्तांगः (m.n.s.) one whose limbs are symmetrical
स्निग्धवर्णः (m.n.s.) one who is of soft complexion	प्रतापवान् (m.n.s.) resplendent
विशालाक्षः (m.n.s.) one whose eyes are wide	सत्यसन्धः (m.n.s.) truth- bidden
यशस्वी (m.n.s.) glorious	ज्ञानसंपन्नः (m.n.s.) knowledgeable
शुचिः (m.n.s.) clean	समाधिमान् (m.n.s.) diligent
रिपुनिषूदनः (m.n.s.) destroyer of enemies	रक्षिता (m.n.s.) protector, champion
स्मृतिमान् (m.n.s.) one who has excellent memory	प्रतिभानवान् (m.n.s.) brilliant
सर्वलोकप्रियः (m.n.s.) esteemed by all	साधुः (m.n.s.) gentleman

सर्वदा (i) always	अभिगतः (m.n.s.) accessible
आर्यः (m.n.s.) revered	सर्वसमः (m.n.s.) one who treats all equally
सदा (i) always	सर्वगुणोपेतः (m.n.s.) one who has all merits
सूर्यः (m.n.s.) sun	इव (i) like
सोमवत् (i) like moon	प्रियदर्शनः (m.n.s.) pleasant-looking

Notes on the vocabulary

महर्षे नारद O! Sage Narada.

त्वं वक्तुम् अर्हसि

You are competent/able/deserving to say.

त्वं गन्तुम् अर्हसि

You are competent/able/deserving to go.

इक्ष्वाकुबंशजः Born in the race of Ikshvaku.

ज means born/originated from and is added to words to make compounds. It is used in all genders.

जः (m)

जा (f)

जं (n)

सूर्यः इव like the sun. सूर्यवत् also has the same meaning.

सोमवत् like the moon. सोमः इव also has the same meaning.

Ordinal Numerals 1-10

Ordinal Numeral	Masculine	Feminine	Neuter	Meaning
प्रथम	प्रथमः	प्रथमा	प्रथमं	First
द्वितीय	द्वितीयः	द्वितीया	द्वितीयं	Second
तृतीय	तृतीयः	तृतीया	तृतीयं	Third
चतुर्थ	चतुर्थः	चतुर्थी	चतुर्थं	Fourth
पञ्चम	पञ्चमः	पञ्चमी	पञ्चमं	Fifth
षष्ठ	षष्ठः	षष्ठी	षष्ठं	Sixth
सप्तम	सप्तमः	सप्तमी	सप्तमं	Seventh
अष्टम	अष्टमः	अष्टमी	अष्टमं	Eighth
नवम	नवमः	नवमी	नवमं	Ninth
दशम	दशमः	दशमी	दशमं	Tenth

Note - Ordinal numerals are used as adjectives. Ordinal numerals from 1 to 7 are used as the names of seven cases in Sanskrit.

Grammar

1. Root (धातुः) and Conjugation

Sanskrit verbs are conjugated. Affixes are added to the root and conjugational forms are obtained.

Root		Conjugated form
भू	(to be)	भवति
वद	(to say, to speak)	वदति
अर्ह	(to be competent, fit)	अर्हति
प्रच्छ	(to ask)	पृच्छति
इषु	(to wish)	इच्छति
अस	(to be)	अस्ति

2. Person (पुरुषः)

As in English, there are three persons in Sanskrit. They are:

1. प्रथमपुरुषः	(Third person)
2. मध्यमपुरुषः	(Second person)
3. उत्तमपुरुषः	(First person)

सः (He)	प्रथमपुरुषः	(Third person)
त्वं (You)	मध्यमपुरुषः	(Second person)
अहं (I)	उत्तमपुरुषः	(First person)

Note: Sanskrit प्रथमपुरुषः is not English first person though word meaning is so. Difference between Sanskrit प्रथमपुरुषः and English first person has to be borne in mind. Sanskrit प्रथमपुरुषः is English third person. English first person is Sanskrit उत्तमपुरुषः

3. Concord of person (पुरुषः) number (वचनं) and verb

Verb should agree with subject in person and number.

प्रथमपुरुषः एकवचनं (third person singular) सः गच्छति He goes.

मध्यमपुरुषः एकवचनं (second person singular) त्वं गच्छसि You go.

उत्तमपुरुषः एकवचनं (first person singular) अहं गच्छामि I go.

Note the ending of verb forms:

प्रथमपुरुषः एकवचनं (third person singular) - ति

मध्यमपुरुषः एकवचनं (second person singular) - सि

उत्तमपुरुषः एकवचनं (first person singular) - आमि

सः ..... ति

त्वं ..... सि

अहं ..... आमि

4. Declension

Nominative case is used to denote the subject.

Nominative case - Singular (प्रथमाविभक्तिः एकवचनम्)

Gender	Nominative - Singular	Ending
a)		
Masculine	रामः	अः
	महर्षिः	इः
	साधुः	उः
	सः	अः
	एषः	अः
	सीता	आ
Feminine	पत्नी	ई
	कीदृशी	ई
	सा	आ
	एषा	आ
Neuter	फलम्	अम्
	पात्रम्	अम्
	तत्	अत्
	एतत्	अत्
b) त्वं, अहम्	त्वं	अम्
	अहं	अम्

Vocative case - Singular

(संबोधनप्रथमाविभक्तिः - एकवचनम्)

Vocative case is used only to address.

In the vocative case हे also is used before the case form.

Gender	Vocative - Singular	Ending
Masculine	हे राम	अ
	हे पते	ए

	हे साधो	ओ
	हे सीते	ए
Feminine	हे पत्नि	इ
Neuter	हे फल	अ
	हे पात्र	अ

5. Concord of substantive and adjective

Unlike in English, Sanskrit adjectives should agree with their substantives in gender, number and case.

समर्थः (m.n.s.) रामः (m.n.s.) - able Rama.

पतिव्रता (f.n.s.) सीता (f.n.s.) - chaste Sita.

मधुरम् (n.n.s.) फलम् (n.n.s.) - sweet fruit.

EXERCISES

1. Name the ending of the nouns:

Model:

नारद - अकारान्तः। वाल्मीकि - इकारान्तः। साधु - उकारान्तः।

महर्षि, धर्मज्ञ, कृतज्ञ, सत्यवाक्य, दृढव्रत, समर्थ, अनसूयक, ईदृश, नर, राम, इक्ष्वाकुवंश, महावीर्य, विपुलांस, महाबाहु, कंबुग्रीव, महाहनु, महोरस्क, आजानुबाहु, सुललाट, समविभक्तांग, स्निग्द्धवर्ण, विशालाक्ष, सत्यसन्ध, ज्ञानसंपन्न, शुचि, वश्य, रिपुनिषूदन, सर्वलोकप्रिय, अभिगत, आर्य, सर्वसम, सर्वगुणोपेत, प्रियदर्शन।

2. Sort out the nouns, verbs and indeclinables:

वाल्मीकिः, पृच्छति, महर्षिः, नारदः, अहं, श्रोतुम्, इच्छामि, कः, नु, सांप्रतं, गुणवान्, धर्मज्ञः, च, कृतज्ञः, सत्यवाक्यः, दृढव्रतः, विद्वान्, समर्थः, द्युतिमान्, अनसूयकः, त्वं, असि, वक्तुम्, अर्हसि, वदति, ईदृशः, नरः, रामः, भवति, इक्ष्वाकुवंशजः, महावीर्यः, धृतिमान्, बुद्धिमान्, सः, नीतिमान्, वाग्मी, श्रीमान्, विपुलांसः, महाबाहुः, कंबुग्रीवः, महाहनुः, महोरस्कः, आजानुबाहुः, सुललाटः, समविभक्तांगः, स्निग्द्धवर्णः, प्रतापवान्, विशालाक्षः, सत्यसन्धः, यशस्वी, ज्ञानसंपन्नः, शुचिः, वश्यः, समाधिमान्, रिपुनिषूदनः, रक्षिता,

स्मृतिमान्, प्रतिभानवान्, सर्वलोकप्रियः, साधुः, सर्वदा, अभिगतः, आर्यः, सर्वसमः, सर्वगुणोपेतः, सोमवत्, प्रियदर्शनः।

3. Change the following statements into questions by adding किं and अपि

Model:

वाल्मीकिः महर्षिः। किं वाल्मीकिः महर्षिः? वाल्मीकिः महर्षिः किम्? अपि वाल्मीकिः महर्षिः? वाल्मीकिः महर्षिः अपि?

1. त्वं समर्थः असि।

2. त्वं वक्तुम् अर्हसि।

3. नारदः वदति।

4. रामः ईदृशः नरः।

5. रामः इक्ष्वाकुवंशजः।

6. सः महावीर्यः।

7. सः धृतिमान्।

8. सः बुद्धिमान्।

9. सः नीतिमान्।

10. सः वाग्मी।

11. सः श्रीमान्।

12. सः विपुलांसः।

13. सः महाबाहुः।

14. सः कंबुग्रीवः।

15. सः महाहनुः।

16. सः महोरस्कः।

17. सः आजानुबाहुः।

18. सः सुललाटः।

19. सः समविभक्ताङ्गः।

20. सः स्निग्द्धवर्णः।

21. सः प्रतापवान्।

22. सः विशालाक्षः।

23. सः शुभलक्षणः।

24. सः सत्यसन्धः।

25. सः यशस्वी।

26. सः ज्ञानसंपन्नः।

27. सः शुचिः।

28. सः वश्यः।

29. सः समाधिमान्।

30. सः रिपुनिषूदनः।

31. सः रक्षिता।

32. सः स्मृतिमान्।

33. सः प्रतिभानवान्।

34. सः सर्वलोकप्रियः।

35. सः साधुः।

36. सः सर्वदा अभिगतः।

37. सः आर्यः।

38. सः सर्वसमः।

39. सः सर्वगुणोपेतः।

40. सः सोमवत् प्रियदर्शनः।

4. Answer the question based on the lesson:

Model:

कः गुणवान्? or रामः कीदृशः? - रामः गुणवान्।

1. कः वीर्यवान्? or भीमः कीदृशः?

2. कः धर्मज्ञः? or कृष्णः कीदृशः?

3. कः कृतज्ञः? or शिष्यः कीदृशः?

4. कः सत्यवाक्यः? or धर्मपुत्रः कीदृशः?

5. कः दृढव्रतः? or रामः कीदृशः?

6. कः विद्वान्? or गोपालः कीदृशः?

7. कः समर्थः? or पुत्रः कीदृशः?

8. कः द्युतिमान्? or सूर्यः कीदृशः?

9. कः अनसूयकः? or लक्ष्मणः कीदृशः?

5. Answer first in the affirmative and then in the negative.

Model:

रामः गुणवान् किम्? आं, रामः गुणवान्। न, रामः न गुणवान्।

1. रामः वीर्यवान् किम्?

2. रामः धर्मज्ञः किम्?

3. रामः कृतज्ञः किम्?

4.रामः सत्यवाक्यः किम्?

5. रामः दृढव्रतः किम्?

6. रामः विद्वान् किम्?

7. रामः समर्थः किम्?

8. रामः द्युतिमान् किम्?

9. रामः अनसूयकः किम्?

6. Make nominative case singular (प्रथमाविभक्तिः एकवचनम्) by adding appropriate ending to the nouns:

Model:

नारद - नारदः। वाल्मीकि - वाल्मीकिः। साधु - साधुः।

महर्षि, धर्मज्ञ, कृतज्ञ, सत्यवाक्य, दृढव्रत, समर्थ, अनसूयक, इदृश, नर, राम, इक्ष्वाकुवंशज, महावीर्य, विपुलांस, महाबाहु, कंबुग्रीव, महाहनु, महोरस्क, आजानुबाहु, सुललाट, समविभक्ताङ्ग, स्निग्धवर्ण, विशालाक्ष, सत्यसन्ध,

ज्ञानसंपन्न, शुचि, वश्य, रिपुनिषूदन, सर्वलोकप्रिय, अभिगत, आर्य, सर्वसम, सर्वगुणोपेत, प्रियदर्शन।

7. Make the vocative case singular (संबोधनप्रथमाविभक्ति: - एकवचनम्) by adding हे and ± appropriate ending to the nouns:

Model:

नारद - हे नारद। वाल्मीकि - हे वाल्मीके। साधु - हे साधो।

महर्षि, धर्मज्ञ, कृतज्ञ, सत्यवाक्य, दृढव्रत, समर्थ, अनसूयक, नर, राम, इक्ष्वाकुवंशज, महावीर्य, विपुलांस, महाबाहु, कंबुग्रीव, महाहनु, महोरस्क, आजानुबाहु, सुललाट, समविभक्ताांग, स्निग्ध्ववर्ण, विशालाक्ष, सत्यसन्ध, ज्ञानसंपन्न, शुचि, वश्य, रिपुनिषूदन, सर्वलोकप्रिय, अभिगत, आर्य, सर्वसम, सर्वगुणोपेत, प्रियदर्शन।

8. Translate into English:

Model:

शिष्य: कृतज्ञ: भवति - The student is thankful.

1. भीम: वीर्यवान् भवति।

2. कृष्ण: धर्मज्ञ: भवति।

3. धर्मपुत्र: सत्यवाक्य: भवति।

4. स: दृढव्रत: भवति।

5. गोपाल: विद्वान् भवति।

6. राजा समर्थ: भवति।

7. सूर्य: द्युतिमान् भवति।

8. लक्ष्मण: अनसूयक: भवति।

9. Translate into Sanskrit:

Model:

Rama is highly vigorous – राम: महावीर्य: भवति।

1. Man is able.

2. He is steadfast.

3. The student is intelligent.

4. He is just.

5. The sage is an orator.

6. Rama is propitious.

7. Rama is one whose neck is like a conch-shell.

8. The enemy is a gentleman.

10. Memorise:

1. Sanskrit प्रथमपुरुषः is English third person. English first person is Sanskrit उत्तमपुरुषः

2. Nominative case generally denotes the subject.

3. Vocative case is used only to address.

4. Verb should agree with subject in person and number.

5. Unlike in English, Sanskrit adjectives should agree with their substantives in gender, number and case.

11. Match the following:

a)

Model:

Question   **Answer**

a	b	a	b
सः	वदामि	सः	वदति।
त्वं	वदति	त्वं	वदसि।
अहम्	वदसि	अहम्	वदामि

Question

a	b
1.	
सः	पृच्छसि
त्वं	पृच्छामि

अहम्	पृच्छति

2.

सः	अर्हसि
त्वं	अर्हामि
अहम्	अर्हति

3.

सः	इच्छसि
त्वं	इच्छामि
अहम्	इच्छति

4.

सः	भवसि
त्वं	भवामि
अहम्	भवति

b)

Model:

Question		Answer	
a	b	a	b
समर्थः	पुस्तकम्	समर्थः	नारदः।
महर्षिः	नारदः	महर्षिः	वाल्मीकिः।
प्रसिद्धम्	वाल्मीकिः	प्रसिद्धम्	पुस्तकम्।

Question

a	b
धर्मज्ञः	बालिका
सुन्दरी	फलम्
मधुरम्	विभक्तिः
रामायणकारः	सीता

रामपत्नी	पुरुषः
मध्यमः	वाल्मीकिः
द्वितीया	रामः

12. Make five Sanskrit sentences using the words you learned:

Model: राजा सर्वलोकप्रियः भवति।

Bear in mind that the sentence should not be a mere copying from the lesson.

13. a) Read aloud and write:

- इः वाल्मीकिः इकारान्तः पुंलिङ्गः प्रथमा एकवचनम्।

- अः नारदः अकारान्तः पुंलिङ्गः प्रथमा एकवचनम्।

- इः महर्षिः इकारान्तः पुंलिङ्गः प्रथमा एकवचनम्।

- अः धर्मज्ञः अकारान्तः पुंलिङ्गः प्रथमा एकवचनम्।

- अः कृतज्ञः अकारान्तः पुंलिङ्गः प्रथमा एकवचनम्।

- अः सत्यवाक्यः अकारान्तः पुंलिङ्गः प्रथमा एकवचनम्।

- अः दृढव्रतः अकारान्तः पुंलिङ्गः प्रथमा एकवचनम्।

- अः समर्थः अकारान्तः पुंलिङ्गः प्रथमा एकवचनम्।

- अः अनसूयकः अकारान्तः पुंलिङ्गः प्रथमा एकवचनम्।

- अः ईदृशः अकारान्तः पुंलिङ्गः प्रथमा एकवचनम्।

- अः नरः अकारान्तः पुंलिङ्गः प्रथमा एकवचनम्।

- अः रामः अकारान्तः पुंलिङ्गः प्रथमा एकवचनम्।

- अः ईक्ष्वाकुवंशजः अकारान्तः पुंलिङ्गः प्रथमा एकवचनम्।

- अः महावीर्यः अकारान्तः पुंलिङ्गः प्रथमा एकवचनम्।

- अः विपुलांसः अकारान्तः पुंलिङ्गः प्रथमा एकवचनम्।

- उः महाबाहुः उकारान्तः पुंलिङ्गः प्रथमा एकवचनम्।

- अः कंबुग्रीवः अकारान्तः पुंलिङ्गः प्रथमा एकवचनम्।

- उः महाहनुः उकारान्तः पुंलिङ्गः प्रथमा एकवचनम्।

- अः महोरस्कः अकारान्तः पुंलिङ्गः प्रथमा एकवचनम्।

- उः आजानुबाहुः उकारान्तः पुंलिङ्गः प्रथमा एकवचनम्।

- अः सुललाटः अकारान्तः पुंलिङ्गः प्रथमा एकवचनम्।

- अः समविभक्ताङ्गः अकारान्तः पुंलिङ्गः प्रथमा एकव्चनम्।

- अः स्निग्द्धवर्णः अकारान्तः पुंलिङ्गः प्रथमा एकवचनम्।

- अः विशालाक्षः अकारान्तः पुंलिङ्गः प्रथमा एकवचनम्।

- अः सत्यसन्धः अकारान्तः पुंलिङ्गः प्रथमा एकवचनम्।

- अः ज्ञानसंपन्नः अकारान्तः पुंलिङ्गः प्रथमा एकवचनम्।

- इः शुचिः इकारान्तः पुंलिङ्गः प्रथमा एकवचनम्।

- अः वश्यः अकारान्तः पुंलिङ्गः प्रथमा एकवचनम्।

- अः रिपुनिषूदनः अकारान्तः पुंलिङ्गः प्रथमा एकवचनम्।

- अः सर्वलोकप्रियः अकारान्तः पुंलिङ्गः प्रथमा एकवचनम्।

- उः साधुः उकारान्तः पुंलिङ्गः प्रथमा एकवचनम्।

- अः अभिगतः अकारान्तः पुंलिङ्गः प्रथमा एकवचनम्।

- अः आर्यः अकारान्तः पुंलिङ्गः प्रथमा एकवचनम्।

- अः सर्वसमः अकारान्तः पुंलिङ्गः प्रथमा एकवचनम्।

- अः सर्वगुणोपेतः अकारान्तः पुंलिङ्गः प्रथमा एकवचनम्।

- अः प्रियदर्शनः अकारान्तः पुंलिङ्गः प्रथमा एकवचनम्।

b) Read aloud and write:

- हे वाल्मीके इकारान्तः पुंलिङ्गः संबोधनप्रथमा एकवचनम्।

- हे नारद अकारान्तः पुंलिङ्गः संबोधनप्रथमा एकवचनम्।

- हे महर्षे इकारान्तः पुंलिङ्गः संबोधनप्रथमा एकवचनम्।

- हे धर्मज्ञ अकारान्तः पुंलिङ्गः संबोधनप्रथमा एकवचनम्।

- हे कृतज्ञ अकारान्तः पुंलिङ्गः संबोधनप्रथमा एकवचनम्।

- हे सत्यवाक्य अकारान्तः पुंलिङ्गः संबोधनप्रथमा एकवचनम्।

- हे दृढव्रत अकारान्तः पुंलिङ्गः संबोधनप्रथमा एकवचनम्।

- हे समर्थ अकारान्तः पुंलिङ्गः संबोधनप्रथमा एकवचनम्।

- हे अनसूयक अकारान्तः पुंलिङ्गः संबोधनप्रथमा एकवचनम्।

- हे नर अकारान्तः पुंलिङ्गः संबोधनप्रथमा एकवचनम्।

- हे राम अकारान्तः पुंलिङ्गः संबोधनप्रथमा एकवचनम्।

- हे ईक्ष्वाकुवंशज अकारान्तः पुंलिङ्गः संबोधनप्रथमा एकवचनम्।

- हे महावीर्य अकारान्तः पुंलिङ्गः संबोधनप्रथमा एकवचनम्।

- हे विपुलांस अकारान्तः पुंलिङ्गः संबोधनप्रथमा एकवचनम्।

- हे महाबाहो उकारान्तः पुंलिङ्गः संबोधनप्रथमा एकवचनम्।

- हे कंबुग्रीव अकारान्तः पुंलिङ्गः संबोधनप्रथमा एकवचनम्।

- हे महाहनो उकारान्तः पुंलिङ्गः संबोधनप्रथमा एकवचनम्।

- हे महोरस्क अकारान्तः पुंलिङ्गःसंबोधनप्रथमा एकवचनम्।

- हे आजानुबाहो उकारान्तः पुंलिङ्गःसंबोधनप्रथमा एकवचनम्।

- हे सुललाट अकारान्तः पुंलिङ्गःसंबोधनप्रथमा एकवचनम्।

- हे समविभक्ताङ्ग अकारान्तः पुंलिङ्गःसंबोधनप्रथमा एकवचनम्।

- हे स्निग्ध्दवर्ण अकारान्तः पुंलिङ्गः संबोधनप्रथमा एकवचनम्।

- हे विशालाक्ष अकारान्तः पुंलिङ्गःसंबोधनप्रथमा एकवचनम्।

- हे सत्यसन्ध अकारान्तः पुंलिङ्गःसंबोधनप्रथमा एकवचनम्।

- हे ज्ञानसंपन्न अकारान्तः पुंलिङ्गःसंबोधनप्रथमा एकवचनम्।

- हे शुचे इकारान्तः पुंलिङ्गः संबोधनप्रथमा एकवचनम्।

- हे वश्य अकारान्तः पुंलिङ्गः संबोधनप्रथमा एकवचनम्।

- हे रिपुनिषूदन अकारान्त पुंलिङ्गः संबोधनप्रथमा एकवचनम्।

- हे सर्वलोकप्रिय अकारान्तः पुंलिङ्गःसंबोधनप्रथमा एकवचनम्।

- हे साधो उकारान्तः पुंलिङ्गः संबोधनप्रथमा एकवचनम्।

- हे अभिगतः अकारान्तः पुंलिङ्गः संबोधनप्रथमा एकवचनम्।

- हे आर्य अकारान्त पुंलिङ्गः संबोधनप्रथमा एकवचनम्।

- हे सर्वसम अकारान्तः पुंलिङ्गः संबोधनप्रथमा एकवचनम्।

- हे सर्वगुणोपेत अकारान्तः पुंलिङ्गः सबोधनप्रथमा एकवचनम्।

- हे प्रियदर्शन अकारान्तः पुंलिङ्गःसंबोधनप्रथमा एकवचनम्।

c) Read aloud and write:

- ति भवति भू धातुः लट् प्रथमपुरुषः एकवचनम्।

- तः भवतः भू धातुः लट् प्रथमपुरुषः द्विवचनम्।

- न्ति भवन्ति भू धातुः लट् प्रथमपुरुषः बहुवचनम्।

- सि भवसि भू धातुः लट् मध्यमपुरुषःएकवचनम्।

- थः भवथः भू धातुः लट् मध्यमपुरुषःद्विवचनम्।

- थ भवथ भू धातुः लट् मध्यमपुरुषःबहुवचनम्।

- आमि भवामि भू धातुः लट् उत्तमपुरुषःएकवचनम्।

- आवः भवावः भू धातुः लट् उत्तमपुरुषःद्विवचनम्।

- आमः भवामः भू धातुः लट् उत्तमपुरुषः बहुवचनम्।

- ति वदति वद धातुः लट् प्रथमपुरुषः एकवचनम्।

- तः वदतः वद धातुः लट् प्रथमपुरुषःद्विवचनम्।

- न्ति वदन्ति वद धातुः लट् प्रथमपुरुषःबहुवचनम्।

- सि वदसि वद धातुः लट् मध्यमपुरुषःएकवचनम्।

- थः वदथः वद धातुः लट् मध्यमपुरुषःद्विवचनम्।

- थ वदथ वद धातुः लट् मध्यमपुरुषःबहुवचनम्।

- आमि वदामि वद धातुः लट् उत्तमपुरुषःएकवचनम्।

- आवः वदावः वद धातुः लट् उत्तमपुरुषःद्विवचनम्।

- आमः वदामः वद धातुः लट् उत्तमपुरुषःबहुवचनम्।

- ति अर्हति अर्ह धातुः लट् प्रथमपुरुषः एकवचनम्।

- तः अर्हतः अर्ह धातुः लट् प्रथमपुरुषःद्विवचनम्।

- न्ति अर्हन्ति अर्ह धातुः लट् प्रथमपुरुषः बहुवचनम्।

- सि अर्हसि अर्ह धातुः लट् मध्यमपुरुषः एकवचनम्।

- थः अर्हथः अर्ह् धातुः लट् मध्यमपुरुषः द्विवचनम्।

- थ अर्हथ अर्ह् धातुः लट् मध्यमपुरुषः बहुवचनम्।

- आमि अर्हामि अर्ह् धातुः लट् उत्तमपुरुषःएकवचनम्।

- आवः अर्हावः अर्ह् धातुः लट् उत्तमपुरुषःद्विवचनम्।

- आमः अर्हामः अर्ह् धातुः लट् उत्तमपुरुषःबहुवचनम्।

सुन्दोपसुन्दौ।

रामायणमिव महाभारतमपि प्रसिद्धं काव्यं भवति। महाभारतकारः महामुनिः व्यासः। महाभारतं महत् भारवत् च भवति।

तत्र श्लोकसंख्या लक्षाधिका। सुन्दोपसुन्दकथामहाभारतस्था।।

एकः सुन्दः। अपरः उपसुन्दः। तौ असुरौ। तौ निकुम्भसुतौ। तौ सहोदरौ। तौ सदा सहितौ एकमनस्कौ च। या सुन्देच्छा सा उपसुन्देच्छा। सुन्दोपसुन्दौ एकत्र विहरतः। तदानीं तत्रागच्छति तिलोत्तमा। तिलोत्तमा स्वर्गसुन्दरी। सा आह्वयति – हे सुन्दोपसुन्दौ।

सुन्दोपसुन्दौ तिलोत्तमानुरक्तौ भवतः। सुन्दः वदति – मत्प्रिया तिलोत्तमा। उपसुन्दः वदति – नहि नहि, तिलोत्तमा न त्वत्प्रिया, अपि तु सा मत्प्रिया। तिलोत्तमा हसति। सा किमपि न वदति। अहमेव पूर्वम् अहमेव पूर्वमिति सुन्दोपसुन्दौ वदतः। सुन्दः वा उपसुन्दः वा न विरमति। अतः उग्र गदायुद्धः भवति।

अथ सुन्दोपसुन्दौ अधः पततः। एवं सर्वदा सहितौ एकनिश्चयौ तौ तिलोत्तमार्थं क्रुद्धौ नष्टौ भवतः।।

Vocabulary

Abbreviations used:

f.n.d. - feminine nominative dual

m.n.d. - masculine nominative dual

n.n.d. - neuter nominative dual

f.v.d. - feminine vocative dual

m.v.d. - masculine vocative dual

n.v.d. - neuter vocative dual

इव (i) like	महाभारतं (n.n.s.) Mahabharatha
अपि (i) also	प्रसिद्धं (n.n.s.) famous, well-known
काव्यं (n.n.s.) poem, literary piece	महाभारतकर्ता (m.n.s.) author of Mahabharatha

महामुनिः (m.n.s.) great sage	व्यासः (m.n.s.) Vyasa
महत् (n.n.s.) great	भारवत् (n.n.s.) heavy
श्लोकसंख्या (f.n.s.) number of verses	लक्षाधिका (f.n.s.) more than one lakh
सुन्दोपसुन्दकथा (f.n.s.) story of Sunda and Upasunda	महाभारतस्था (f.n.s.) that which is in the Mahabharatha
सुन्द (m.n.s.) Sunda	अपरः (m.n.s.) another
उपसुन्दः (m.n.s.) Upasunda	तौ (m.n.d.) both of them
असुरौ (m.n.d.) two asuras	निकुम्भसुतौ (m.n.d.) Nikumbha's two sons
सहोदरौ (m.n.d.) two brothers	सदा (i) always
सहितौ (m.n.d.) together	एकमनस्को (m.n.d.) having single mind
या (f.n.s.) which	सुन्देच्छा (f.n.s.) Sunda's wish
उपसुन्देच्छा (f.n.s.) Upasunda's wish	तिलोत्तमा (f.n.s.) Thilotthama
स्वर्गसुन्दरी (f.n.s.) celestial beauty	सुन्दोपसुन्दौ (m.n.d.) Sunda and Upasunda
एकत्र (i) at the same place	विहरतः (v) wander/stroll
तदानीं (i) then	आगच्छति (v) comes
आह्वयति (v) calls	तदा (i) then
तिलोत्तमानुरक्तौ (m.n.d.) those who have fallen in love with Thilottama	कामसन्तसौ (m.n.d.) worried of lust
भवतः (v) are	मत्प्रिया (f.n.s.) my darling/ beloved
नहि (i) not	अपि (i) also
तु (i) but	हसति (v) laughs
किम् (n.n.s.) what	अहं (n.s.) I
पूर्वम् (i) first	इति (i) thus, such
वा (i) or	विरमति (v) retreats, returns

अतः (i) therefore	उग्रः (m.n.s.) fierce, harsh
गदायुद्धः (m.n.s.) fight with mace	अथ (i) then, next
अधः (i) down	पततः (v) fall
एवं (i) thus	एकनिश्चयौ (m.n.d.) having the same decision
तिलोत्तमार्थं (i) on account of Thilottama	क्रुद्धौ (m.n.d.) angry
नष्टौ (m.n.d.) lost	भवतः (v) are

Notes on the vocabulary

महाभारतस्था (f) - existing in the Mahabharata.

स्थ means existing or belonging to and is added to words to make compounds. It is used in all genders.

स्थः (m)

स्था (f)

स्थं (n)

लक्षाधिका (f.n.s.) - more than one lakh

अधिक means more than and is added to words to make compounds. It is used in all genders.

अधिकः (m)

अधिका (f)

अधिकं (n)

या सुन्देच्छा सा उपसुन्देच्छा The wish of Sunda is the same as that of Upasunda.

त्वत्प्रिया your darling/beloved.

मत्प्रिया my darling/beloved

तत्प्रिया his darling/beloved

अहं पूर्वम् अहं पूर्वम् इति myself first, myself first - so. A single word for the same is अहमहमिका

इति is used in the sense of that - मत्प्रिया इति

वदति सुन्दः - Sunda says that Thilottama is his beloved.

सुन्दः वा उपसुन्दः वा either Sunda or Upasunda

सुन्दः वा उपसुन्दः वा न neither Sunda nor Upasunda

तिलोत्तमार्थं on account of Thilottama.

अर्थं also means for/for the sake of.

रक्षार्थं - for the protection of

Grammar

1. **Concord of person (पुरुष), number (वचनं) and verb**

   उत्तमपुरुषः द्विवचनं (third person dual) तौ गच्छतः They two go.

   मध्यमपुरुषः द्विवचनं (second person dual) युवां गच्छथः You two go.

   प्रथमपुरुषः द्विवचनं (first person dual) आवां गच्छावः We two go.

   Note the ending of verb forms:

   प्रथमपुरुषः द्विवचनं (third person dual) – तः

   मध्यमपुरुषः द्विवचनं (second person dual) – थः

   उत्तमपुरुष: द्विवचनं (first person dual) – आवः

   तौ ... तः

   युवां ... थः

   आवां ... आवः

2. **Declension**

   Nominative case - Dual number (प्रथमाविभक्तिः द्विवचनम्)

Gender	Nominative - Dual	Ending
a)		
Masculine	रामौ	औ
	पती	ई

	साधू	ऊ
	तौ	औ
एतौ	औ	
	सीते	ए
Feminine	पत्न्यौ	यौ
	कीदृश्यौ	यौ
Neuter	ते	ए
	एते	ए
	फले	ए

b)

त्वं, अहम्	युवां	आम्
	आवां	आम्

Vocative case – Dual (सम्बोधनप्रथमाविभक्तिः - द्विवचनम्)

Gender	Nominative - Dual	Ending
Masculine	हे रामौ	औ
	हे पती	ई
	हे साधू	ऊ
	हे सीते	ए
Feminine	हे पत्न्यौ	यौ
Neuter	हे फले	ए

Note

Forms of nominative case - dual number (प्रथमाविभक्तिः - द्विवचनम्) and vocative case - dual (सम्बोधनप्रथमाविभक्तिः - द्विवचनम्) are the same.

3. Combination (सन्धिः)

Words are usually combined in Sanskrit. In verse and in compounds combination (सन्धिः) is compulsory.

Combination of consonants and vowels (स्वरव्यञ्जनसन्धिः) is the simplest of combinations.

रामायणम् + इव - रामायणमिव

महाभारतम् + अपि - महाभारतमपि

अहम् + एव - अहमेव

पूर्वम् + इति - पूर्वमिति

EXERCISES

1. Sort out the nouns, verbs and indeclinables:

   रामायणम्, इव, महाभारतम्, अपि, प्रसिद्धं, काव्यं, भवति, महाभारतकारः, महामुनिः, व्यासः, महाभारतं, महत्, भारवत्, च, तत्र, श्लोकसंख्या, लक्षाधिका, सुन्दोपसुन्दकथा, महाभारतस्था, एकः, सुन्दः, अपरः, उपसुन्दः, तौ, असुरौ, निकुम्भसुतौ, सहोदरौ, सदा, सहितौ, एकमनस्को, या, सुन्देच्छा, सा, उपसुन्देच्छा, सुन्दोपसुन्दौ, एकत्र, विहरतः, तदानीं, आगच्छति, तिलोत्तमा, स्वर्गसुन्दरी, आह्वयति, हे सुन्दोपसुन्दौ, तिलोत्तमानुरक्तौ, भवतः, वदति, मत्प्रिया, नहि, न, त्वत्प्रिया, अपि, तु, हसति, किम्, अहम्, एव, पूर्वम्, इति, वा, विरमति, अतः, उग्रः, गदायुद्धः, अथ, अधः, पततः, सर्वदा, एकनिश्चयौ, क्रुद्धौ, नष्टौ

2. Make compounds adding स्थः, स्था and स्थं to the words:

   Model:

   लोक - लोकस्थः, लोकस्था, लोकस्थम्।

   पुस्तक, इक्ष्वाकुवंश, बुद्धि, बाहु, ललाट, स्मृति, रामायण, श्लोक, उदर, स्वर्ग

3. Answer the questions based on the lesson:

   Model:

   किं भवति रामायणमिव प्रसिद्धं काव्यं?

   Complete answer - महाभारतम् भवति रामायणमिव प्रसिद्धं काव्यम्।

   Short answer - महाभारतम्।

   i) महाभारतकारः कः?

   ii) किं भवति महत् भारवत् च?

iii) निकुम्भसुतौ कौ? कौ सहोदरौ?

iv) कौ सदा सहितौ?

v) कौ एकमनस्कौ?

vi) का तिलोत्तमा?

vii) कौ तिलोत्तमानुरक्तौ भवतः?

viii) सुन्दः किं वदति?

ix) उपसुन्दः किं वदति?

x) तिलोत्तमा किं करोति?

xi) सुन्दोपसुन्दौ किं वदतः?

xii) गदायुद्धः कीदृशः भवति?

4. Make the nominative case dual (प्रथमाविभक्तिः द्विवचनम्) by adding appropriate ending to the nouns:

a) Model: नारद - नारदौ।

धर्मज्ञ, कृतज्ञ, सत्यवाक्य, दृढव्रत, समर्थ, अनसूयक, ईदृश, नर, राम, इक्ष्वाकुवंशज, महावीर्य, विपुलांस, कंबुग्रीव, महोरस्क, सुललाट, समविभक्तांग, स्निग्द्धवर्ण, विशालाक्ष, सत्यसन्ध, ज्ञानसंपन्न, वश्य, रिपुनिषूदन, सर्वलोकप्रिय, अभिगत, आर्य, सर्वसम, सर्वगुणोपेत, प्रियदर्शन।

b) Model: वाल्मीकि - वाल्मीकी।

महर्षि, शुचि, महामुनिः, सीतापतिः

c) Model: साधु - साधू।

महाबाहु, महाहनु, आजानुबाहु।

d) Model: सीता - सीते।

लक्षाधिका, कथा, महाभारतस्था, सुन्देच्छा, उपसुन्देच्छा, तिलोत्तमा, मत्रिया, त्वत्रिया, बालिका, नायिका, पतिव्रता।

e) Model: पत्नी - पत्न्यौ।

कीदृशी, सुन्दरी।

f) Model: रामायण - रामायणे।

महाभारत, प्रसिद्ध, काव्य, पात्र, फल, पुस्तक।

5. Make vocative case dual (सम्बोधनप्रथमाविभक्ति: - द्विवचनम्) by adding हे and appropriate ending to the nouns:

a) Model: नारद - हे नारदौ।

धर्मज्ञ, कृतज्ञ, सत्यवाक्य, दृढव्रत, समर्थ, अनसूयक, ईदृश, नर, राम, इक्ष्वाकुवंशज, महावीर्य, विपुलांस, कंबुग्रीव, महोरस्क, सुललाट, समविभक्ताङ्ग, स्निग्द्धवर्ण, विशालाक्ष, सत्यसन्ध, ज्ञानसंपन्न, वश्य, रिपुनिषूदन, सर्वलोकप्रिय, अभिगत, आर्य, सर्वसम, सर्वगुणोपेत, प्रियदर्शन।

b) Model: वाल्मीकि - हे वाल्मीकी।

महर्षि, शुचि, महामुनिः, सीतापतिः।

c) Model: साधु - हे साधू।

महाबाहु, महाहनु, आजानुबाहु।

d) Model: सीता - हे सीते।

लक्षाधिका, कथा, महाभारतस्था, सुन्देच्छा, उपसुन्देच्छा, तिलोत्तमा, मत्प्रिया, त्वत्प्रिया, बालिका, नायिका, पतिव्रता, सुन्दरी।

e) Model: रामायण - हे रामायणे

पात्र, मधुर, शास्त्र, अक्षर, पुस्तक, क्षेत्र, युक्त, हित, वाक्य, वेदाङ्ग, तत्त्व, वीर्य, प्रिय।

6. Combine the following:

Model: तद् + इव - तदिव।

i) महाभारतम् + इव

ii) अहम् + अपि

iii) पूर्वम् + अहम्

iv) यद् + एवम्

v) एतद् + इह

vi) महान् + अपि

vii) इदम् + एव

viii) आम् + इति

ix) गुणवान् + असि

x) वक्तुम् + अर्हसि

7. Match the following:

Model:

Question

a	b		a	b
तौ	वदावः	तौ	वदतः।
युवां	वदतः	युवां	वदथ।
आवां	वदथ	आवां	वदावः।

Answer

Question

a	b
तौ	पृच्छथः
युवां	पृच्छावः
आवां	पृच्छतः
तौ	अर्हथः
युवां	अर्हावः
आवां	अर्हतः
तौ	इच्छथः
युवां	इच्छावः
आवां	इच्छतः
तौ	भवथः
युवां	भवावः
आवां	भवतः

8. Choose appropriate adjective from those given and fill in the blank.

   Model:

   Question

   ..... नारदः, ... सीता, ... रामः।

   (सर्वगुणोपेतः, समर्थः, रामपत्नी)

   Answer

   समर्थः नारदः।

   रामपत्नी सीता।

   सर्वगुणोपेतः रामः।

   Question

   i) ..... पुरुषः, ... रामायणम्, ... व्यासः, ... सुन्दोपसुन्दकथा, ...
   सुन्दः, ... उपसुन्दः, ... सुन्दोपसुन्दौ, ... विभक्तिः, ... तिलोत्तमा,
   ..... गदायुद्धः।

   (एकः, अपरः, उग्रः, महाभारतकारः, स्वर्गसुन्दरी, महाभारतस्था, सहोदरौ,
   प्रसिद्धम्, उत्तमः, चतुर्थी)

9. Make five Sanskrit sentences using the words you learned:

   Model: सुन्दोपसुन्दौ असुरौ भवतः।

   Bear in mind that the sentence should not be a mere copying from the lesson.

10. Translate into English:

   Model:

   रामायणमहाभारते प्रसिद्धे भवतः - Ramayana and Mahabharata are well-known.

   i) सुन्दोपसुन्दौ सहोदरौ भवतः।

   ii) तौ सर्वदा सहितौ भवतः।

   iii) तौ सदा एकमनस्कौ भवतः।

iv) सुन्दोपसुन्दौ एकत्र विहरतः।

v) तिलोत्तमा स्वर्गसुन्दरी भवति।

vi) सुन्दोपसुन्दौ न विरमतः।

vii) मत्प्रिया तिलोत्तमा इति सुन्दः वदति।

viii) मत्प्रिया तिलोत्तमा इति उपसुन्दः अपि वदति।

11. Translate into Sanskrit:

Model:

Ramayana is well-known. रामायणं प्रसिद्धं भवति।

i) Mahabharata also is well-known.

ii) The story of Sunda and Upasunda is from the Mahabharata.

iii) Sunda and Upasunda are sons of Nikumbha.

iv) Sunda and Upasunda are fond of Thilottama.

v) Sunda and Upasunda fall down.

12. a) Read aloud and write:

- ई वाल्मीकी इकारान्तः पुंलिङ्गः प्रथमा द्विवचनम्।

- औ नारदौ अकारान्तः पुंलिङ्गः प्रथमा द्विवचनम्।

- ई महर्षी इकारान्तः पुंलिङ्गः प्रथमा द्विवचनम्।

- औ धर्मज्ञौ अकारान्तः पुंलिङ्गः प्रथमा द्विवचनम्।

- औ कृतज्ञौ अकारान्तः पुंलिङ्गः प्रथमा द्विवचनम्।

- औ सत्यवाक्यौ अकारान्तः पुंलिङ्गः प्रथमा द्विवचनम्।

- औ दृढव्रतौ अकारान्तः पुंलिङ्गः प्रथमा द्विवचनम्।

- औ समर्थौ अकारान्तः पुंलिङ्गः प्रथमा द्विवचनम्।

- औ अनसूयकौ अकारान्तः पुंलिङ्गः प्रथमा द्विवचनम्।

- औ ईदृशौ अकारान्तः पुंलिङ्गः प्रथमा द्विवचनम्।

- औ नरौ अकारान्तः पुंलिङ्गः प्रथमा द्विवचनम्।

- औ रामौ अकारान्तः पुंलिङ्गः प्रथमा द्विवचनम्।

- औ इक्ष्वाकुवंशजौ अकारान्तः पुंलिङ्गः प्रथमा द्विवचनम्।

- औ महावीर्यौ अकारान्तः पुंलिङ्गः प्रथमा द्विवचनम्।

- औ विपुलांसौ अकारान्तः पुंलिङ्गः प्रथमा द्विवचनम्।

- ऊ महाबाहू उकारान्तः पुंलिङ्गः प्रथमा द्विवचनम्।

- औ कंबुग्रीवौ अकारान्तः पुंलिङ्गः प्रथमा द्विवचनम्।

- ऊ महाहनू उकारान्तः पुंलिङ्गः प्रथमा द्विवचनम्।

- औ महोरस्कौ अकारान्तः पुंलिङ्गः प्रथमा द्विवचनम्।

- ऊ आजानुबाहू उकारान्तः पुंलिङ्गः प्रथमा द्विवचनम्।

- औ सुललाटौ अकारान्तः पुंलिङ्गः प्रथमा द्विवचनम्।

- औ समविभक्तांगौ अकारान्तः पुंलिङ्गः प्रथमा द्विवचनम्।

- औ स्निग्द्धवर्णौ अकारान्तः पुंलिङ्गः प्रथमा द्विवचनम्।

- औ विशालाक्षौ अकारान्तः पुंलिङ्गः प्रथमा द्विवचनम्।

- औ ज्ञानसंपन्नौ अकारान्तः पुंलिङ्गः प्रथमा द्विवचनम्।

- ई शुची इकारान्तः पुंलिङ्गः प्रथमा द्विवचनम्।

- औ वश्यौ अकारान्तः पुंलिङ्गः प्रथमा द्विवचनम्।

- औ रिपुनिषूदनौ अकारान्तः पुंलिङ्गः प्रथमा द्विवचनम्।

- औ सर्वलोकप्रियौ अकारान्तः पुंलिङ्गः प्रथमा द्विवचनम्।

- ऊ साधू उकारान्तः पुंलिङ्गः प्रथमा द्विवचनम्।

- औ अभिगतौ अकारान्तः पुंलिङ्गः प्रथमा द्विवचनम्।

- औ आर्यौ अकारान्तः पुंलिङ्गः प्रथमा द्विवचनम्।

- औ सर्वसमौ अकारान्तः पुंलिङ्गः प्रथमा द्विवचनम्।

- औ सर्वगुणोपेतौ अकारान्तः पुंलिङ्गः प्रथमा द्विवचनम्।

- औ प्रियदर्शनौ अकारान्तः पुंलिङ्गः प्रथमा द्विवचनम्।

b) Read aloud and write:

- हे वाल्मीकी इकारान्तः पुंलिङ्गः संबोधनप्रथमा द्विवचनम्।

- हे नारदौ अकारान्तः पुंलिङ्गः संबोधनप्रथमा द्विवचनम्।

- हे महर्षी इकारान्तः पुंलिङ्गः संबोधनप्रथमा द्विवचनम्।

- हे धर्मज्ञौ अकारान्तः पुंलिङ्गः संबोधनप्रथमा द्विवचनम्।

- हे कृतज्ञौ अकारान्तः पुंलिङ्गः संबोधनप्रथमा द्विवचनम्।

- हे सत्यवाक्यौ अकारान्तः पुंलिङ्गः संबोधनप्रथमा द्विवचनम्।

- हे दृढव्रतौ अकारान्तः पुंलिङ्गः संबोधनप्रथमा द्विवचनम्।

- हे समर्थौ अकारान्तः पुंलिङ्गः संबोधनप्रथमा द्विवचनम्।

- हे अनसूयकौ अकारान्तः पुंलिङ्गः संबोधनप्रथमा द्विवचनम्।

- हे नरौ अकारान्तः पुंलिङ्गः संबोधनप्रथमा द्विवचनम्।

- हे रामौ अकारान्तः पुंलिङ्गः संबोधनप्रथमा द्विवचनम्।

- हे इक्ष्वाकुवंशजौ अकारान्तः पुंलिङ्गः संबोधनप्रथमा द्विवचनम्।

- हे महावीर्यौ अकारान्तः पुंलिङ्गः संबोधनप्रथमा द्विवचनम्।

- हे विपुलांसौ अकारान्तः पुंलिङ्गः संबोधनप्रथमा द्विवचनम्।

- हे महाबाहू उकारान्तः पुंलिङ्गः संबोधनप्रथमा द्विवचनम्।

- हे कंबुग्रीवौ अकारान्तः पुंलिङ्गःसंबोधनप्रथमा द्विवचनम्।

- हे महाहनू उकारान्तः पुंलिङ्गः संबोधनप्रथमा द्विवचनम्।

- हे महोरस्कौ अकारान्तः पुंलिङ्गः संबोधनप्रथमा द्विवचनम्।

- हे आजानुबाहू उकारान्तः पुंलिङ्गः संबोधनप्रथमा द्विवचनम्।

- हे सुललाटौ अकारान्तः पुंलिङ्गः संबोधनप्रथमा द्विवचनम्।

- हे समविभक्तांगौ अकारान्तः पुंलिङ्गः संबोधनप्रथमा द्विवचनम्।

- हे स्निग्ध्वर्णौ अकारान्तः पुंलिङ्गःसंबोधनप्रथमा द्विवचनम्।

- हे विशालाक्षौ अकारान्तः पुंलिङ्गः संबोधनप्रथमा द्विवचनम्।

- हे सत्यसन्धौ अकारान्तः पुंलिङ्गः संबोधनप्रथमा द्विवचनम्।

- हे ज्ञानसंपन्नौ अकारान्तः पुंलिङ्गः संबोधनप्रथमा द्विवचनम्।

- हे शुची इकारान्त पुंलिङ्गः संबोधनप्रथमा द्विवचनम्।

- हे वश्यौ अकारान्तः पुंलिङ्गः संबोधनप्रथमा द्विवचनम्।

- हे रिपुनिषूदनौ अकारान्तः पुंलिङ्गः संबोधनप्रथमा द्विवचनम्।

- हे सर्वलोकप्रियौ अकारान्तः पुंलिङ्गः संबोधनप्रथमा द्विवचनम्।

c) **Read aloud and write:**

- ति पतति पत धातुः लट् प्रथमपुरुषः एकवचनम्।

- तः पततः पत धातुः लट् प्रथमपुरुषः द्विवचनम्।

- न्ति पतन्ति पत धातुः लट् प्रथमपुरुषः बहुवचनम्।

- सि पतसि पत धातुः लट् मध्यमपुरुषः एकवचनम्।

- थः पतथः पत धातुः लट् मध्यमपुरुषः द्विवचनम्।

- थ पतथ पत धातुः लट् मध्यमपुरुषः बहुवचनम्।

- आमि पतामि पत धातुः लट् उत्तमपुरुषः एकवचनम्।

- आवः पतावः पत धातुः लट् उत्तमपुरुषः द्विवचनम्।

- आमः पतामः पत धातुः लट् उत्तमपुरुषः बहुवचनम्।

- ति हरति हृ धातुः लट् प्रथमपुरुषः एकवचनम्।

- तः हरतः हृ धातुः लट् प्रथमपुरुषः द्विवचनम्।

- न्ति हरन्ति हृ धातुः लट् प्रथमपुरुषः बहुवचनम्।

- सि हरसि हृ धातुः लट् मध्यमपुरुषः एकवचनम्।

- थः हरथः हृ धातः लट् मध्यमपुरुषः द्विवचनम्।

- थ हरथ हृ धातुः लट् मध्यमपुरुषः बहुवचनम्।

- आमि हृ हरामि हृ धातुः लट् उत्तमपुरुषः एकवचनम्।

- आवः हरावः हृ धातुः लट् उत्तमपुरुषः द्विवचनम्।

- आमः हरामः हृ धातुः लट् उत्तमपुरुषः बहुवचनम्।

- ति हसति हस् धातुः लट् प्रथमपुरुषः एकवचनम्।

- तः हसतः हस् धातुः लट् प्रथमपुरुषः द्विवचनम्।

- न्ति हसन्ति हस् धातुः लट् प्रथमपुरुषः बहुवचनम्।

- सि हससि हस् धातुः लट् मध्यमपुरुषः एकवचनम्।

- थ: हसथः हस् धातुः लट् मध्यमपुरुषः द्विवचनम्।

- थ हसथ हस् धातुः लट् मध्यमपुरुषः बहुवचनम्।

- आमि हसामि हस् धातुः लट् उत्तमपुरुषः एकवचनम्।

- आव: हसावः हस् धातः लट् उत्तमपुरुषः द्विवचनम्।

- आम: हसामः हस् धातुः लट् उत्तमपुरुषः बहुवचनम्।

संस्कृतम्।

संस्कृतं नाम दैवी वाक्। संस्कृतं देववाणी भवतीति यावत्। महदस्ति संस्कृतं, नास्ति तत्र संशयः। परन्तु भाषाः सकलाः अपि मानुष्यः सन्ति। संस्कृतमपि तथास्ति। महत्तरं भवति संस्कृतसाहित्यम्। तत्र सर्वमस्ति।।

ते पृच्छन्ति - कति सन्ति वेदाः? वयं वदामः - वेदाः चत्वारः सन्ति। ते ऋग्वेदः, यजुर्वेदः, सामवेदः, अथर्ववेदः च भवन्ति। पुनः ते पृच्छन्ति - कति सन्ति वेदाङ्गानि? पुनः वयं वदामः - वेदाङ्गानि षट् सन्ति। तानि शिक्षा, कल्पः, निरुक्तं, व्याकरणं, ज्यौतिषं, छन्दः च भवन्ति। तानि षडङ्गानीति प्रथितानि सन्ति। उपवेदाः अपि चत्वारः सन्ति। ते च आयुर्वेदः, गान्धर्ववेदः, धनुर्वेदः, स्थापत्यवेदः इति भवन्ति। अर्थशास्त्रमथवा अर्थवेदः अपि उपवेदः इति केचित् वदन्ति। प्रतिवेदं चत्वारः भागाः सन्ति। ते च मन्त्रः, ब्राह्मणम्, आरण्यकम्, उपनिषद् इति भवन्ति। उपनिषदः प्रसिद्धाः सन्ति किल। दशोपनिषदः अतीव प्रसिद्धाः सन्ति। ईशोपनिषद्, केनोपनिषद्, कठोपनिषद्, प्रश्नोपनिषद्, मुण्डकोपनिषद्, माण्डूक्योपनिषद्, तैत्तिरीयोपनिषद्, ऐतरेयोपनिषद्, छान्दोग्योपनिषद्, बृहदारण्यकोपनिषद् च भवन्ति दशोपनिषदः। ईशादिदशोपनिषदः इति ताः प्रथिताः। श्रीशंकराचार्यकृतं ईशादिदशोपनिषदुपरि भाष्यमस्ति। रामानुजाचार्यविरचितं मध्वाचार्यविरचितं च भाष्यमस्ति।

इतिहासौ भवतः रामायणं महाभारतं च। रामायणं तावदादिकाव्यमिति प्रसिद्धम्। महत् भारवत् च महाभारतमित्यतः महाभारतनामान्वर्थं भवति। पुराणानि अपि प्रथितानि सन्ति। तानि द्विधा - महापुराणानि उपपुराणानि च इति। महापुराणानि अष्टादश भवन्ति। तानि च मत्स्यपुराणं, मार्कण्डेयपुराणं, भागवतपुराणं, भविष्यपुराणं, ब्रह्मपुराणं, ब्रह्माण्डपुराणं, ब्रह्मवैवर्तपुराणं, विष्णुपुराणं, वराहपुराणं, वायुपुराणं, वामनपुराणम्, अग्निपुराणं, नारदीयपुराणं, पद्मपुराणं, लिंगपुराणं, गरुडपुराणं, कूर्मपुराणं, स्कन्दपुराणम् इति भवन्ति। उपपुराणानि चाष्टादश सन्तीति प्रथा। तानि नारसिंहकापिलमानवकालिकादीनि पुराणानि सन्ति। उपपुराणानि कानीत्यत्र मतभेदः अस्ति।

महाभारतविषयिका तूक्तिः अस्ति -

यदिहास्ति तदन्यत्र यत् नेहास्ति न तत् क्वचित् इति। संस्कृतमपि तथा एव।।

Vocabulary

Abbreviations used:

f.n.p. - feminine nominative plural

m.n.p. - masculine nominative plural

n.n.p. - neuter nominative plural

n.n.s.c.d. - neuter nominative singular, comparative degree

a.g.n.p. - all genders nominative plural

f.v.p. - feminine vocative plural

m.v.p. - masculine vocative plural

n.v.p. - neuter vocative plural

p.t.t.p.s. - present tense third person singular

p.t.t.p.d. - present tense third person dual

p.t.t.p.p. - present tense third person plural

p.t.s.p.s. - present tense second person singular

p.t.s.p.d. - present tense second person dual

p.t.s.p.p. - present tense second person plural

p.t.f.p.s. - present tense first person singular

p.t.f.p.d. - present tense first person dual

p.t.f.p.p. - present tense first person plural

संस्कृतं (n.n.s.) Sanskrit	नाम (i) called/named
दैवी (f.n.s.) divine	वाक् (f.n.s.) word
देववाणी(f.n.s.) language of Gods	यावत् (i) meaning
महत् (n.n.s.) great	संशयः (m.n.s.) doubt
परन्तु (i) but	भाषाः (f.n.p.) languages
सकलाः (f.n.p.) all	मानुष्यः (f.n.p.) human/women
सन्ति (p.t.t.p.p.) are	तथा (i) thus

महत्तरं (n.n.s.c.d.) greater	संस्कृतसाहित्यम् (n.n.s.) Sanskrit literature
सर्वं (n.n.s.) everything, all	कति (a.g.n.p.) how many
वेदाः (m.n.p.) Vedas	चत्वारः (m.n.p.) four
ते (m.n.p.) they, those	ऋग्वेदः (m.n.s.) Rgveda
यजुर्वेदः (m.n.s.) Yajurveda	सामवेदः (m.n.s.) Samaveda
अथर्ववेदः (m.n.s.) Atharvaveda	वेदाङ्गानि (n.n.p.) Vedangas/ limbs of the Vedas
षट् (a.g.n.p.) six	तानि (n.n.p.) those, they
शिक्षा (f.n.s.) Shiksha, vedic phonetics	कल्पः (m.n.s.) Kalpa/ prescriptions of vedic sacrifices.
निरुक्तं (n.n.s.) Nirukta, vedic etymology	व्याकरणं (n.n.s.) grammar
ज्यौतिषं (n.n.s.) vedic astronomy	छन्दः (n.n.s.) vedic metrics
भवन्ति (p.t.t.p.p.) are/there are	षडङ्गानि (n.n.p.) six vedangas/ limbs of the Vedas
प्रथितानि (n.n.p.) well-known/ famous	उपवेदाः (m.n.p.) subsidiary Vedas
आयुर्वेदः (m.n.s.) Ayurveda	गान्धर्ववेदः (m.n.s.) Gandharvaveda/vedic musicology
धनुर्वेदः (m.n.s.) Dhanurveda/ vedic archery	स्थापत्यवेदः (m.n.s.) Sthapatyaveda/vedic architecture
अर्थशास्त्रम् (n.n.s.) Arthasastra/ economics	अथवा (i) or
अर्थवेदः (m.n.s.) veda of economics	केचित् (m.n.p.) some/some people
वदन्ति (p.t.t.p.p.) say	प्रतिवेदं (i) in/for/to each veda
भागाः (m.n.p.) parts	मन्त्रः (m.n.s.) hymn
ब्राह्मणम् (n.n.s.) Brahmana	आरण्यकम् (n.n.s.) Aranyaka
उपनिषद् (f.n.s.) Upanisad	उपनिषदः (f.n.p.) Upanisads

प्रसिद्धाः (m/f.n.p.) well-known/ famous	किल (i) (indicates that the fact is known)
दशोपनिषदः (f.n.p.) ten Upanisads	अतीव (i) very much
ईशोपनिषद् (f.n.s.) Isa upanisad	केनोपनिषद् (f.n.s.) Kena upanisad
कठोपनिषद् (f.n.s.) Katha upanisad	प्रश्नोपनिषद् (f.n.s.) Prasna upanisad
मुण्डकोपनिषद् (f.n.s.) Mundaka upanisad	माण्डुक्योपनिषद् (f.n.s.) Madukya upanisad
तैत्तिरीयोपनिषद् Taittiriya upanisad	ऐतरेयोपनिषद् (f.n.s.) Aitareya upanisad
छान्दोग्योपनिषद् (f.n.s.) Chandogya upanisad	बृहदारण्यकोपनिषद् (f.n.s.) Brhadaranyaka upanisad
ईशादिदशोपनिषदः (f.n.p.) ten Upanisads beginning from Isa.	ताः (f.n.p.) they, those
प्रथिताः (m/f.n.p.) well-known/ famous	ईशादिदशोपनिषदुपरि (i) on the ten Upanisads beginning from Isa.
श्रीशंकराचार्यकृतं (n.n.s.) written by Sri Sankaracharya.	भाष्यम् (n.n.s.) commentary
रामानुजाचार्यविरचितं (n.n.s.) written by Ramanujacharya.	मध्वाचार्यविरचितं (n.n.s.) written by Madhvacharya.
इतिहासौ (m.n.d.) two epics	तावद् (i) indeed/truly (to emphasize/assent an expression)
आदिकाव्यम् (n.n.s.) pioneer of kavyas (literary pieces)	प्रसिद्धम् (n.n.s.) well-known/ famous
इत्यतः (i) therefore/and so	महाभारतनाम (n.n.s.) the name Mahabharata
अन्वर्थं (n.n.s.) appropriate/ meaningful/befitting	पुराणानि (n.n.p.) Puranas
द्विधा (i) of two kinds/in two ways	महापुराणानि (n.n.p.) principal Puranas

उपपुराणानि (n.n.p.) subsidiary Puranas	अष्टादश (a.g.n.p.) eighteen
मत्स्यपुराणं (n.n.s.) Matsyapurana	मार्कण्डेयपुराणं (n.n.s.) Markandeyapurana
भागवतपुराणं (n.n.s.) Bhagavatapurana	भविष्यपुराणं (n.n.s.) Bhavisyapurana
ब्रह्मपुराणं (n.n.s.) Brahmapurana	ब्रह्माण्डपुराणं (n.n.s.) Brahmandapurana
ब्रह्मवैवर्तपुराणं (n.n.s.) Brahmavaivartapurana	विष्णुपुराणं (n.n.s.) Visnupurana
वराहपुराणं (n.n.s.) Varahapurana	वायुपुराणं (n.n.s.) Vayupurana
वामनपुराणम् (n.n.s.) Vamanapurana	अग्निपुराणं (n.n.s.) Agnipurana
नारदीयपुराणं (n.n.s.) Naradiyapurana	पद्मपुराणं (n.n.s.) Padmapurana
लिंगपुराणं (n.n.s.) Lingapurana	गरुडपुराणं (n.n.s.) Garudapurana
कूर्मपुराणं (n.n.s.) Kurmapurana	स्कन्दपुराणम् (n.n.s.) Skandapurana
प्रथा = कीर्ति: (f.n.s) fame	नारसिंहकापिलमानवकालिकादीनि (n.n.p.) Narasimha, Kapila, Manava, Kalika etc.
कानि (n.n.p.) what/which	इत्यत्र = इति + अत्र (i) in this matter/case
मतभेद: (m.n.s.) difference of opinion	महाभारतविषयिका (f.n.s.) about/ on/of Mahabharata
तु (i)but	उक्ति: (f.n.s.) saying
यद् (n.n.s.) which	इह (i) here/in this/in this matter/ case
तद् (n.n.s.) that	अन्यत्र (i) in other place/matter/ case
क्वचित् (i) in one place/matter/ case	तथा (i) so/thus/in the same way

Notes on the vocabulary

संस्कृतं नाम Sanskrit is named/called नाम is also used to denote an accepted/well-known fact.

को नाम पितरम् आक्रोशेत्? Who will shout at father? (It is an accepted fact that nobody will shout at father.)

इति यावत् the meaning is that

संस्कृतं देववाणी भवतीति यावत् The meaning is that Sanskrit is the language of Gods.

केचित् some/some people. चित् and चन are two indeclinables having the same meaning and which can be added to कः/का/किं to make the sense of indefiniteness of the person or thing. कः/का/किं will take the usual declensional forms according to gender and number; but चित् and चन will not change.

कः + चन - कश्चन / कः + चित् - कश्चित् someone (masculine).

का + चन - काचन / का + चित् - काचित् someone (feminine).

किं + चन - किंचन / किं + चित् - किंचित् something (neuter).

कश्चन/कश्चित्, काचन/काचित्, किंचन/किंचित् can be used as adjectives also. Then they will denote the meaning of indefinite article in English.

कश्चन/कश्चित् पुरुषः a man

काचन/काचित् स्त्री a woman

किंचन/किंचित् फलम् a fruit

कौचन/कौचित् पुरुषौ two men whosoever

केचन/केचित् स्त्रियौ two women whosoever

केचन/केचित् फले two fruits whatsoever

केचन/केचित् पुरुषाः some men

काश्चन/काश्चित् स्त्रिय: some women

कानिचन/कानिचित् फलानि some fruits

चित् and चन are also added to कथं how, कदा when, कुतः from where/why, क्व where, कति how many etc.

कथंचित्/कथंचन somehow

कदाचित्/कदाचन sometimes

कुतश्चित्/कुतश्चन from somewhere

क्वचित्/क्वचन somewhere

कतिचित्/कतिचन a few/some

प्रतिवेदं in/for/to each veda. प्रति meaning each is added before the word to which it is enjoined and is indeclinable.

प्रतिदिनं everyday

प्रतिपाठं in/for/to each lesson

प्रतिवदनं in/for/to each face/mouth

कृत/विरचित meaning written/composed by is used in all genders and is enjoined in the end.

शङ्कराचार्यकृतं/शङ्कराचार्यविरचितं

written/composed by Sankaracharya.

वाल्मीकिकृतं/वाल्मीकिविरचितं रामायणं

Ramayana written/composed by Valmiki.

वसिष्ठकृतः/वसिष्ठविरचितः मन्त्रः

hymn written/composed by Vasistha.

व्यासकृता/व्यासविरचिता भगवद्गीता

Bhagavadgita written/composed by Vyasa.

तावद् indeed/truly is used to emphasize/assent an expression.

हिमालयः तावद् उन्नततमः पर्वतः Himalaya is indeed the tallest mountain.

It is also used as a stylistic expression without any specific meaning as the expression 'well' in English.

नारसिंहकापिलमानवकालिकादीनि Narasimha, Kapila, Manava, Kalika etc. Any number of words can be compounded and the final word only will take the declensional form. Harshacarita written by Banabhatta is known for the vast use of such long compounds.

महाभारतविषयिका about/on/of Mahabharata. विषयक meaning about/on is used in all genders and is enjoined in the end.

विषयकः (masculine) वेदविषयकः वादः argument about the Veda.

विषयिका (feminine) मरणविषयिका वार्ता news about death.

विषयकं (neuter) भरणविषयकं कार्यम् matter of governance.

Note the feminine form विषयिका and its ending. Compare it with other feminine forms. It is like नायिका, बालिका etc. and unlike महाभारतस्था, इक्ष्वाकुवंशजा etc.

क्वचित् in one place/matter/case. When the negative particle न is added it becomes न क्वचित् nowhere/in no place/matter/case.

Grammar

1. **Concord of person (पुरुषः), number (वचनं) and verb**

   प्रथमपुरुषः बहुवचनं (third person plural) ते गच्छन्ति They go.

   मध्यमपुरुषः बहुवचनं (second person plural) यूयं गच्छथ You go.

   उत्तमपुरुषः बहुवचनं (first person plural) वयं गच्छामः We go.

   Note the ending of verb forms:

   प्रथमपुरुषः बहुवचनं (third person plural) – न्ति

   मध्यमपुरुषः बहुवचनं (second person plural) – थ

   उत्तमपुरुषः बहुवचनं (first person plural) – आमः

   ते ..... न्ति

   यूयं ..... थ

   वयं ...... आमः

2. Gender of numerals

Numerals एक - one, द्वि - two, त्रि - three and चतुर् - four have different forms in three genders.

Numeral	Masculine	Feminine	Neuter
एक one	एकः	एका	एकम्
द्वि two	द्वौ	द्वे	द्वे
त्रि three	त्रयः	तिस्रः	त्रीणि
चतुर् four	चत्वारः	चतस्रः	चत्वारि

पञ्च five, षट् six, सप्त seven, अष्ट eight, नव nine and दश ten are similar in all genders. अष्ट eight has an alternative form अष्टौ

पञ्च/षट्/सप्त/अष्ट/नव/दश भागाः

five/six/seven/eight/nine/ten parts.

पञ्च/षट्/सप्त/अष्ट/नव/दश लताः

five/six/seven/eight/nine/ten creepers.

पञ्च/षट्/सप्त/अष्ट/नव/दश अङ्गानि

five/six/seven/eight/nine/ten limbs.

3. Declension

Nominative case - Plural number (प्रथमाविभक्तिः - बहुवचनम्)

Gender Nominative - Plural   Ending

a)

Masculine	रामाः	आः
	पतयः	अयः
	साधवः	अवः
	ते	ए
	एते	ए
	सीताः	आः

Feminine	पत्न्यः	यः
	ताः	आः
	एताः	आः
	फलानि	आनि
Neuter	एतानि	आनि
	तानि	आनि
	एतानि	आनि
b) त्वं, अहम्	यूयं	अम्
	वयं	अम्

Vocative case - Plural

(सम्बोधनप्रथमाविभक्तिः - बहुवचनम्)

Gender	Nominative - Plural	Ending
Masculine	हे रामाः	आः
	हे पतयः	अयः
	हे साधवः	अवः
	हे सीताः	आः
Feminine	हे पत्न्यः	यः
Neuter	हे फलानि	आनि

Note

Forms of nominative case - plural number (प्रथमाविभक्तिः - बहुवचनम्) and vocative case - dual (सम्बोधनप्रथमाविभक्तिः - बहुवचनम्) are the same.

4. Combination (सन्धिः)

महदस्ति - महत् + अस्ति

षडङ्गानि- षट् + अङ्गानि

Rule (1) - क, च, ट, त and प occurring in the end of a word when followed by a vowel or ग, ज, ड, द, ब, घ, झ, ढ, ध, भ, ङ, ञ, ण, न, म, य, व, र, ल or ह will become ग, ज, ड, द and ब respectively.

भवतीति - भवति + इति

नास्ति - न + अस्ति

अ + अ = आ, आ + अ = आ, आ + आ = आ, अ + आ = आ, इ + इ = ई, ई + इ = ई, ई + ई = ई, इ + ई = ई, उ + उ = ऊ, ऊ + उ = ऊ, ऊ + ऊ = ऊ, उ + ऊ = ऊ।

Rule (2) - When two same vowels, whether they be short or long join, both together will be replaced by a single long form of the same.

5. Tenses and moods

As in English, there are three tenses in Sanskrit namely past, present and future. Moods are also there. All the tenses and moods are represented by ten लकाराः in Sanskrit. They are लट् (present), लिट् (past perfect), लुट् (periphrastic future), लृट् (simple future), लोट् (imperative mood), लङ् (past imperfect), विधिलिङ् (potential/optative mood), आशीर्लिङ् (benedictive mood), लुङ् (past aorist) and लृङ् (conditional mood). लेट् (subjunctive mood) was in use in the Vedic language, but it is not used in classical Sanskrit.

6. Class of roots and Conjugation

There are ten classes of roots in Sanskrit and based on them ten types of conjugation. They are भ्वादि (class 1 type), अदादि (class 2 type), जुहोत्यादि (class 3 type), दिवादि (class 4 type), स्वादि (class 5 type), तुदादि (class 6 type), रुधादि (class 7 type), तनादि (class 8 type), क्र्यादि (class 9 type) and चुरादि (class 10 type). Generally, roots of the same class are conjugated similarly.

भ्वादि (class 1 type) - भूधातुः (root भू) meaning सत्ता (to be, become), लट् (present tense).

Person		Number	
	एकवचनं	द्विवचनं	बहुवचनं
प्रथमपुरुषः	भवति	भवतः	भवन्ति
मध्यमपुरुषः	भवसि	भवथः	भवथ
उत्तमपुरुषः	भवामि	भवावः	भवामः

Note the ending

Person		Number	
	एकवचनं	द्विवचनं	बहुवचनं
प्रथमपुरुषः	..अति	..अतः	..अन्ति
मध्यमपुरुषः	..असि	..अथः	..अथ
उत्तमपुरुषः	..आमि	..आवः	..आमः

Note. The forms are obtained by adding infix अ in between the root भू and the suffixes. This अ is the identifying mark of class 1 type of conjugation. Some other roots of the same class are:

अत to go अतति (प्रथमपुरुषः एकवचनम्)।

खाद् to eat खादति (प्रथमपुरुषः एकवचनम्)।

गद् to speak/say/utter गदति (प्रथमपुरुषः एकवचनम्)।

शुच् to mourn, be sorry शोचति (प्रथमपुरुषः एकवचनम्)।

वाञ्छि to wish/aspire वाञ्छति (प्रथमपुरुषः एकवचनम्)।

कूज to coo (by cock etc.) कूजति (प्रथमपुरुषः एकवचनम्)।

गर्ज to roar गर्जति (प्रथमपुरुषः एकवचनम्)।

तर्ज to scold तर्जति (प्रथमपुरुषः एकवचनम्)।

मुडि to cut मुण्डति (प्रथमपुरुषः एकवचनम्)।

क्रीड् to play क्रीडति (प्रथमपुरुषः एकवचनम्)।

भण to speak/say/utter भणति (प्रथमपुरुषः एकवचनम्)।

गम् to go/move गच्छति (प्रथमपुरुषः एकवचनम्)।

चर् to walk/move/go चरति (प्रथमपुरुषः एकवचनम्)।

जि to win जयति (प्रथमपुरुषः एकवचनम्)।

तप to burn/warm/do penance तपति (प्रथमपुरुषः एकवचनम्)।

अट to walk/move/go अटति (प्रथमपुरुषः एकवचनम्)।

अर्च to worship अर्चति (प्रथमपुरुषः एकवचनम्)।

हस् to laugh/smile हसति (प्रथमपुरुषः एकवचनम्)।

पच् to cook/move/go पचति (प्रथमपुरुषः एकवचनम्)।

यज् to sacrifice/worship यजति (प्रथमपुरुषः एकवचनम्)।

लस् to shine/glitter लसति (प्रथमपुरुषः एकवचनम्)।

वद् to speak/say/utter वदति (प्रथमपुरुषः एकवचनम्)।

वस् to live/dwell वसति (प्रथमपुरुषः एकवचनम्)।

EXERCISES

1. Sort out the nouns, verbs and indeclinables:

नाम, दैवी, वाक्, संस्कृतं, देववाणी, भवति, इति, यावत्, महद्, अस्ति, न, तत्र, संशयः, परन्तु, भाषाः, सकलाः, अपि, मानुष्यः, सन्ति, तथा, महत्तरं, संस्कृतसाहित्यम्, सर्व, ते, पृच्छन्ति, कति, वेदाः, वयं, वदामः, चत्वारः, ऋग्वेदः, यजुर्वेदः, सामवेदः, अथर्ववेदः, च, पुनः, वेदाङ्गानि, षट्, तानि, शिक्षा, कल्पः, निरुक्त, व्याकरणं, ज्यौतिषं, छन्दः, प्रथितानि, उपवेदाः, आयुर्वेदः, गान्धर्ववेदः, धनुर्वेदः, स्थापत्यवेदः, अर्थशास्त्रम्, अथवा, अर्थवेदः, केचित्, प्रतिवेदं, भागाः, मन्त्रः, ब्राह्मणम्, आरण्यकम्, उपनिषद्, प्रसिद्धाः, किल, अतीव, ईशोपनिषद्, ईशादिदशोपनिषदः, ताः, प्रथिताः, ईशादिदशोपनिषदुपरि, श्रीशंकराचार्यकृतं, भाष्यं, रामानुजाचार्यविरचित, इतिहासौ, भवतः, तावद्, आदिकाव्यम्, प्रसिद्धम्, इत्यतः, महाभारतनाम, अन्वर्थ, पुराणानि, तानि, द्विधा, अष्टादश, मत्स्यपुराणं, प्रथा, नारसिंहकापिलमानवकालिकादीनि, इत्यत्र, मतभेदः, महाभारतविषयिका, तु, उक्तिः, यद्, इह, तद्, अन्यत्र, क्वचित्, तथा, एव।

2. Use कश्चन/कश्चित्, काचन/काचित्, किंचन/किंचित्, कौचन/कौचित्, केचन/केचित्, काश्चन/काश्चित्, कानिचन/कानिचित् in accordance with the gender and number of the following nouns:

Model:

कश्चन/कश्चित् पुरुषः, काचन/काचित् स्त्री, किंचन/किंचित् फलं

कौचन/कौचित् पुरुषौ, केचन/केचित् स्त्रियौ, केचन/केचित् फले

केचन/केचित् पुरुषाः, काश्चन/काश्चित् स्त्रियः, कानिचन/कानिचित् फलानि।

रामायणम्, महाभारतम्, प्रसिद्धे, काव्यानि, महाभारतकारः, महामुनिः, व्यासः, श्लोकसंख्या, सुन्दोपसुन्दकथा, महाभारतस्था, सुन्दः, अपरः, उपसुन्दः, असुरौ, निकुम्भसुतौ, सहोदरौ, सहितौ, एकमनस्कौ, सुन्देच्छा, उपसुन्देच्छा, सुन्दोपसुन्दौ, तिलोत्तमा, स्वर्गसुन्दरी, तिलोत्तमानुरक्तौ, मत्प्रिया, त्वत्प्रिया, उग्रः, गदायुद्ध, एकनिश्चयौ, क्रुद्धौ, नष्टौ, धर्मज्ञाः, समर्थाः, बालिकाः, पुस्तकानि, नायिके, पतिव्रताः, सुन्दर्यः।

3. Use numerals पञ्च/षट्/सप्त with the following nouns:

काव्यानि, सुन्दाः, निकुम्भसुताः, सुन्देच्छाः, स्वर्गसुन्दर्यः, मत्प्रियाः, धर्मज्ञाः, समर्थाः, बालिकाः, पुस्तकानि, महापुराणानि, पतिव्रताः, सुन्दर्यः।

4. a) Match the following:

A	B
सः	भवामि
आवां	भवति
ते	वदति
त्वं	पृच्छन्ति
तौ	वदन्ति
अहम्	भवावः
यूयं	भवतः
ते	भवामः
वयं	भवन्ति
युवां	भवसि

सा	भवथः
तत्	भवथ
ते	पृच्छति
ताः	पृच्छतः
तानि	वदतः

b) Match the following:

a	b
भाषाः	अष्टादश
वेदाः	उपनिषदः
पुराणानि	चत्वारः
दश	रामायणम्
आदिकाव्यम्	मानुष्यः
वेदाङ्गानि	चत्वारः
अर्थशास्त्रम्	रामायणमहाभारते
उपवेदाः	ईशादिदश
इतिहासौ	अर्थवेदः
अतीवप्रतिद्धाः	षट्

5. **Make the nominative case plural forms (प्रथमाविभक्तिः - बहुवचनम्) by adding appropriate ending:**

   Model:

   नारद - नारदाः। वाल्मीकि - वाल्मीकयः। साधु - साधवः।

   महर्षि, धर्मज्ञ, कृतज्ञ, सत्यवाक्य, दृढव्रत, समर्थ, अनसूयक, ईदृश, नर, राम, इक्ष्वाकुवंश, महावीर्य, विपुलांस, महाबाहु, कंबुग्रीव, महाहनु, महोरस्क, आजानुबाहु, सुललाट, समविभक्ताङ्ग, स्निग्धवर्ण, विशालाक्ष, सत्यसन्ध, ज्ञानसंपन्न, शुचि, वश्य, रिपुनिषूदन, सर्वलोकप्रिय, अभिगत, आर्य, सर्वसम, सर्वगुणोपेत, प्रियदर्शन।

6. **Write the vocative case plural forms (सम्बोधनप्रथमाविभक्ति:
- बहुवचनम्) by adding appropriate ending:**

Model:

नारद - हे नारदाः। वाल्मीकि - हे वाल्मीकिय:। साधु - हे साधवः।

महर्षि, धर्मज्ञ, कृतज्ञ, सत्यवाक्य, दृढव्रत, समर्थ, अनसूयक, ईदृश, नर, राम, इक्ष्वाकुवंश, महावीर्य, विपुलांस, महाबाहु, कंबुग्रीव, महाहनु, महोरस्क, आजानुबाहु, सुललाट, समविभक्तांग, स्त्रिग्द्धवर्ण, विशालाक्ष, सत्यसन्ध, ज्ञानसंपन्न, शुचि, वश्य, रिपुनिषूदन, सर्वलोकप्रिय, अभिगत, आर्य, सर्वसम, सर्वगुणोपेत, प्रियदर्शन।

7. **Combine the following:**

a)

Model:

महत् + अस्ति - महदस्ति। षट् + अङ्गानि - षडङ्गानि।

i) वाक् + एव

ii) यावत् + भवन्ति

iii) षट् + अपि

iv) केचित् + वदन्ति

v) उपनिषत् + इति

vi) महत् + भारवत्

vii) यत् + इह

viii) क्वचित् + भवति

b)

Model:

न + अस्ति - नास्ति, तथा + अस्ति - तथास्ति, भवति + इति - भवतीति, तु + उक्ति: - तूक्ति:।

i) पृच्छति + इति

ii) वदति + इह

iii) बालिका + अथ

iv) एषा + अपि

v) तत्र + अस्ति

vi) नायिका + अपि

vii) सीता + अपि

viii) च + अथ

ix) न + अपि

x) राजा + आह्वयति

xi) कीदृशी + इह

xii) पतिव्रता + अहम्

xiii) सा + आगच्छति

xiv) सुन्दरी + इव

xv) रामपत्नी + ईषद्

xvi) एव + अध:

xvii) तु + उन्नत:

8. Memorise लकारा: in Sanskrit:

लट् (present),

लिट् (past perfect),

लुट् (periphrastic future),

लृट् (simple future),

लोट् (imperative mood),

लङ् (past imperfect),

विधिलिङ् (potential mood),

आशीर्लिङ् (benedictive mood),

लुङ् (past aorist),

लृङ् (conditional mood) and

लेट् (subjunctive mood) used in the Vedic.

9. **Choose appropriate numeral from those given and fill in the blank.**

Model:

Question

..... महर्षिः, ... फले, ... बालिकाः।

(तिस्रः, एकः, द्वे)

Answer

एकः महर्षिः। द्वे फले। तिस्रः बालिकाः।

Question

..... असुरौ, ... गुरवः, ... शिष्याः, ... पुत्राः, ... पात्रे, ... फलानि, ... लताः, ... पुस्तकानि, ... कथाः, ... बालकाः, ... पत्न्यः, ... गावः, ... पतिव्रताः, ... पात्राणि।

(दश, द्वौ, नव, त्रयः, अष्ट, द्वे, त्रीणि, पञ्च, चत्वारः, षट्, चतस्रः, सप्त, चत्वारि, तिस्रः)

10. **Memorise the ten classes of roots and ten types of conjugation in Sanskrit:**

भ्वादि (class 1 type),

अदादि (class 2 type),

जुहोत्यादि (class 3 type),

दिवादि (class 4 type),

स्वादि (class 5 type),

तुदादि (class 6 type),

रुधादि (class 7 type),

तनादि (class 8 type),

क्र्यादि (class 9 type) and

चुरादि (class 10 type).

11. Conjugate the following roots in all the persons and numbers of लट् (present tense).

Model: भू to be, become

Person	Number		
	एकवचनं	द्विवचनं	बहुवचनं
प्रथमपुरुषः	भवति	भवतः	भवन्ति
मध्यमपुरुषः	भवसि	भवथः	भवथ
उत्तमपुरुषः	भवामि	भवावः	भवामः

अत, खाद्, गद, शुच, वाञ्छ, कूज, गर्ज, तर्ज, मुण्ड्, क्रीड्, भण, गम्, चर्, तप, अट, अर्च, हस्, पच्, यज्, लस्, वद्, वस्।

12. **Make ten Sanskrit sentences using the words you learned from the present lesson:**

Model: संस्कृतं मानुषी भाषा भवति।

13. **Translate into Sanskrit:**

1. Sanskrit is great.

2. Sanskrit literature is greater.

3. There is everything in it.

4. Vedas are four.

5. Vedangas are six.

6. Some people say that Arthasastra also is an upaveda.

7. Each Veda has four parts.

8. Upanisads are well-known.

9. Ramayana and Mahabharata are epics.

10. Puranas are also well-known.

14. **Translate into English:**

1. रामायणमहाभारतादीनि काव्यानि भवन्ति।

2. तत्र कथाः सन्ति।

3. बालिकाः प्रच्छन्ति।

4. बालकाः वदन्ति।

5. तानि फलानि भवन्ति।

6. पुस्तकानि अत्र सन्ति।

7. तत्र नायकाः भवन्ति।

8. तत्र नायिकाः च सन्ति।

9. तत्र रामः, सीता, तिलोत्तमा च सन्ति।

14. a) Read aloud and write:

- अयः वाल्मीकयः इकारान्तः पुंलिङ्गः प्रथमा बहुवचनम्।

- आः नारदाः अकारान्तः पुंलिङ्गः प्रथमा बहुवचनम्।

- अयः महर्षयः इकारान्तः पुंलिङ्गः प्रथमा बहुवचनम्।

- आः धर्मज्ञाः अकारान्तः पुंलिङ्गः प्रथमा बहुवचनम्।

- आः कृतज्ञाः अकारान्तः पुंलिङ्गः प्रथमा बहुवचनम्।

- आः सत्यवाक्याः अकारान्त पुंलिङ्गः प्रथमा बहुवचनम्।

- आः दृढव्रताः अकारान्तः पुंलिङ्गः प्रथमा बहुवचनम्।

- आः समर्थाः अकारान्तः पुंलिङ्गः प्रथमा बहुवचनम्।

- आः अनसूयकाः अकारान्तः पुंलिङ्गः प्रथमा बहुवचनम्।

- आः ईदृशाः अकारान्तः पुंलिङ्गः प्रथमा बहुवचनम्।

- आः नराः अकारान्तः पुंलिङ्गः प्रथमा बहुवचनम्।

- आः रामाः अकारान्तः पुंलिङ्गः प्रथमा बहुवचनम्।

- आः इक्ष्वाकुवंशजाः अकारान्तः पुंलिङ्गः प्रथमा बहुवचनम्।

- आः महावीर्याः अकारान्तः पुंलिङ्गः प्रथमा बहुवचनम्।

- आः विपुलांसाः अकारान्तः पुंलिङ्गः प्रथमा बहुवचनम्।

- अवः महाबाहवः उकारान्तः पुंलिङ्गः प्रथमा बहुवचनम्।

- आः कंबुग्रीवाः अकारान्तः पुंलिङ्गः प्रथमा बहुवचनम्।

- अवः महाहनवः उकारान्तः पुंलिङ्गः प्रथमा बहुवचनम्।

- आः महोरस्काः अकारान्तः पुंलिङ्गः प्रथमा बहुवचनम्।

- अवः आजानुबाहवः उकारान्तः पुंलिङ्गः प्रथमा बहुवचनम्।

- आः सुललाटाः अकारान्तः पुंलिङ्गः प्रथमा बहुवचनम्।

- आः समविभक्तांगाः अकारान्तः पुंलिङ्गः प्रथमा बहुवचनम्।

- आः स्निग्द्धवर्णाः अकारान्तः पुंलिङ्गः प्रथमा बहुवचनम्।

- ओ विशालाक्षाः अकारान्तः पुंलिङ्गः प्रथमा बहुवचनम्।

- आः सत्यसन्धाः अकारान्तः पुंलिङ्गः प्रथमा बहुवचनम्।

- आः ज्ञानसंपन्नाः अकारान्तः पुंलिङ्गः प्रथमा बहुवचनम्।

- अयः शुचयः इकारान्तः पुंलिङ्गः प्रथमा बहुवचनम्।

- आः वश्याः अकारान्तः पुंलिङ्गः प्रथमा बहुवचनम्।

- आः रिपुनिषूदनाः अकारान्तः पुंलिङ्गः प्रथमा बहुवचनम्।

- आः सर्वलोकप्रियाः अकारान्तः पुंलिङ्गः प्रथमा बहुवचनम्।

- अवः साधवः उकारान्तः पुंलिङ्गः प्रथमा बहुवचनम्।

- आः अभिगताः अकारान्तः पुंलिङ्गः प्रथमा बहुवचनम्।

- आः आर्याः अकारान्तः पुंलिङ्गः प्रथमा बहुवचनम्।

- आः सर्वसमाः अकारान्तः पुंलिङ्गः प्रथमा बहुवचनम्।

- आः सर्वगुणोपेताः अकारान्तः पुंलिङ्गः प्रथमा बहुवचनम्।

- आः प्रियदर्शनाः अकारान्तः पुंलिङ्गः प्रथमा बहुवचनम्।

b) Read aloud and write:

- हे वाल्मीकयः इकारान्तः पुंलिङ्गः सम्बोधनप्रथमा बहुवचनम्।

- हे नारदाः अकारान्तः पुंलिङ्गः सम्बोधनप्रथमा बहुवचनम्।

- हे महर्षयः इकारान्तः पुंलिङ्गः सम्बोधनप्रथमा बहुवचनम्।

- हे धर्मज्ञाः अकारान्तः पुंलिङ्गः सम्बोधनप्रथमा बहुवचनम्।

- हे कृतज्ञाः अकारान्तः पुंलिङ्गःसम्बोधनप्रथमा बहुवचनम्।

- हे सत्यवाक्याः अकारान्तः पुंलिङ्गःसम्बोधनप्रथमा बहुवचनम्।

- हे दृढव्रताः अकारान्तः पुंलिङ्गःसम्बोधनप्रथमा बहुवचनम्।

- हे समर्थाः अकारान्तः पुंलिङ्गःसम्बोधनप्रथमा बहुवचनम्।

- हे अनसूयकाः अकारान्तः पुंलिङ्गःसम्बोधनप्रथमा बहुवचनम्।

- हे ईदृशाः अकारान्तः पुंलिङ्गः सम्बोधनप्रथमा बहुवचनम्।

- हे नराः अकारान्तः पुंलिङ्गः सम्बोधनप्रथमा बहुवचनम्।

- हे रामाः अकारान्तः पुंलिङ्गः सम्बोधनप्रथमा बहुवचनम्।

- हे इक्ष्वाकुवंशजाः अकारान्तः पुंलिङ्गः सम्बोधनप्रथमा बहुवचनम्।

- हे महावीर्याः अकारान्तः पुंलिङ्गः सम्बोधनप्रथमा बहुवचनम्।

- हे विपुलांसाः अकारान्तः पुंलिङ्गः सम्बोधनप्रथमा बहुवचनम्।

- हे महाबाहवः उकारान्तः पुंलिङ्गः सम्बोधनप्रथमा बहुवचनम्।

- हे कंबुग्रीवाः अकारान्तः पुंलिङ्गः सम्बोधनप्रथमा बहुवचनम्।

- हे महाहनवः उकारान्तः पुंलिङ्गः सम्बोधनप्रथमा बहुवचनम्।

- हे महोरस्काः अकारान्तः पुंलिङ्गः सम्बोधनप्रथमा बहुवचनम्।

- हे आजानुबाहवः उकारान्तः पुंलिङ्गः सम्बोधनप्रथमा बहुवचनम्।

- हे सुललाटाः अकारान्तः पुंलिङ्गः सम्बोधनप्रथमा बहुवचनम्।

- हे समविभक्तांगाः अकारान्तः पुंलिङ्गः सम्बोधनप्रथमा बहुवचनम्।

- हे स्निग्द्धवर्णाः अकारान्तः पुंलिङ्गः सम्बोधनप्रथमा बहुवचनम्।

- हे विशालाक्षाः अकारान्तः पुंलिङ्गः सम्बोधनप्रथमा बहुवचनम्।

- हे सत्यसन्धाः अकारान्तः पुंलिङ्गः सम्बोधनप्रथमा बहुवचनम्।

- हे ज्ञानसंपन्नाः अकारान्तः पुंलिङ्गः सम्बोधनप्रथमा बहुवचनम्।

- हे शुचयः इकारान्तः पुंलिङ्गः सम्बोधनप्रथमा बहुवचनम्।

- हे वश्याः अकारान्तः पुंलिङ्गः सम्बोधनप्रथमा बहुवचनम्।

- हे रिपुनिषूदनाः अकारान्तः पुंलिङ्गः सम्बोधनप्रथमा बहुवचनम्।

- हे सर्वलोकप्रियाः अकारान्तः पुंलिङ्गः सम्बोधनप्रथमा बहुवचनम्।

- हे साधवः उकारान्तः पुंलिङ्गः सम्बोधनप्रथमा बहुवचनम्।

- हे अभिगताः अकारान्तः पुंलिङ्गः सम्बोधनप्रथमा बहुवचनम्।

- हे आर्याः अकारान्तः पुंलिङ्गः सम्बोधनप्रथमा बहुवचनम्।

- हे सर्वसमाः अकारान्तः पुंलिङ्गः सम्बोधनप्रथमा बहुवचनम्।

- हे सर्वगुणोपेताः अकारान्तः पुंलिङ्गः सम्बोधनप्रथमा बहुवचनम्।

- हे प्रियदर्शनाः अकारान्तः पुंलिङ्गः सम्बोधनप्रथमा बहुवचनम्।

c) Read aloud and write:

- ति खादति खाद धातुः लट् प्रथमपुरुषःएकवचनम्।

- तः खादतः खाद धातुः लट् प्रथमपुरुषः द्विवचनम्।

- न्ति खादन्ति खाद धातुः लट् प्रथमपुरुषःबहुवचनम्।

- सि खादसि खाद धातुः लट् मध्यमपुरुषःएकवचनम्।

- थः खादथः खाद धातुः लट् मध्यमपुरुषः द्विवचनम्।

- थ खादथ खाद धातुः लट् मध्यमपुरुषःबहुवचनम्।

- आमि खादामि खाद धातुः लट् उत्तमपुरुषःएकवचनम्।

- आवः खादावः खाद धातुः लट् उत्तमपुरुषः द्विवचनम्।

- आमः खादामः खाद धातुः लट् उत्तमपुरुषःबहुवचनम्।

- ति गदति गद धातुः लट् प्रथमपुरुषःएकवचनम्।

- तः गदतः गदधातुः लट् प्रथमपुरुषः द्विवचनम्।

- न्ति गदन्ति गद धातुः लट् प्रथमपुरुषःबहुवचनम्।

- सि गदसि गद धातुः लट् मध्यमपुरुषःएकवचनम्।

- थः गदथः गद धातुः लट् मध्यमपुरुषः द्विवचनम्।

- थ गदथ गद धातुः लट् मध्यमपुरुषःबहुवचनम्।

- आमि गदामि गद धातुः लट् उत्तमपुरुषःएकवचनम्।

- आवः गदावः गद धातुः लट् उत्तमपुरुषः द्विवचनम्।

- आमः गदामः गद धातुः लट् उत्तमपुरुषःबहुवचनम्।

- ति शोचति शुच धातुः लट् प्रथमपुरुषःएकवचनम्।

- तः शोचतः शुच धातुः लट् प्रथमपुरुषः द्विवचनम्।

- न्ति शोचन्ति शुच धातुः लट् प्रथमपुरुषःबहुवचनम्।

- सि शोचसि शुच धातुः लट् मध्यमपुरुषःएकवचनम्।

- थः शोचथः शुच धातुः लट् मध्यमपुरुषः द्विवचनम्।

- थ शोचथ शुच धातुः लट् मध्यमपुरुषःबहुवचनम्।

- आमि शोचामि शुच धातुः लट् उत्तमपुरुषःएकवचनम्।

- आवः शोचावः शुच धातुः लट् उत्तमपुरुषः द्विवचनम्।

- आमः शोचामः शुच धातुः लट् उत्तमपुरुषःबहुवचनम्।

- ति वाञ्छति वाछि धातुः लट् प्रथमपुरुषःएकवचनम्।

- तः वाञ्छतः वाछि धातुः लट् प्रथमपुरुषः द्विवचनम्।

- न्ति वाञ्छन्ति वाछि धातुः लट् प्रथमपुरुषःबहुवचनम्।

- सि वाञ्छसि वाछि धातुः लट् मध्यमपुरुषःएकवचनम्।

- थः वाञ्छथः वाछि धातुः लट् मध्यमपुरुषः द्विवचनम्।

- थ वाञ्छथ वाछि धातुः लट् मध्यमपुरुषःबहुवचनम्।

- आमि वाञ्छामि वाछि धातुः लट् उत्तमपुरुषःएकवचनम्।

- आवः वाञ्छावः वाछि धातुः लट् उत्तमपुरुषः द्विवचनम्।

- आमः वाञ्छामः वाछि धातुः लट् उत्तमपुरुषःबहुवचनम्।

- ति कूजति कूज धातुः लट् प्रथमपुरुषःएकवचनम्।

- तः कूजतः कूज धातुः लट् प्रथमपुरुषः द्विवचनम्।

- न्ति कूजन्ति कूज धातुः लट् प्रथमपुरुषःबहुवचनम्।

- सि कूजसि कूज धातुः लट् मध्यमपुरुषःएकवचनम्।

- थः कूजथः कूज धातुः लट् मध्यमपुरुषः द्विवचनम्।

- थ कूजथ कूज धातुः लट् मध्यमपुरुषःबहुवचनम्।

- आमि कूजामि कूज धातुः लट् उत्तमपुरुषःएकवचनम्।

- आवः कूजावः कूज धातुः लट् उत्तमपुरुषः द्विवचनम्।

- आमः कूजामः कूज धातुः लट् उत्तमपुरुषःबहुवचनम्।

उपमन्युः

धौम्यः नाम कश्चित् गुरुः। उपमन्युः धौम्यशिष्यः। सः कृशः। एकदा तं गुरुः धौम्यः अवदत् - वत्स उपमन्यो गावः रक्षितव्याः। द्राक् सः गुरुं प्रत्यवदत् आं तथैव इति। उषा सः वनं गत्वा सुष्ठु गाः अरक्षत्।।

उपमन्युः स्वतः कृशः अपि प्रतिदिनं पीनः अभवत्। अतः गुरुः पीनं शिष्यं उपमन्युमपृच्छत् - वत्स उपमन्यो पीनः असि भृशम्। कथं त्वं वृत्तिं कल्पयसि? उपमन्युः गुरं प्रत्यवदत् - भो भैक्ष्यं कृत्वा वृत्तिं कल्पयामीति। तमुपमन्युं गुरुः पुनः अवदत् - भैक्ष्यं कर्तुमुचितम्। परन्तु मामनुक्त्वा भोक्तुं नोचितमिति। शिष्यः तथेत्युक्त्वा परेद्युः गाः रक्षितुमगच्छत्। ततः सायं सः भैक्ष्यं चरित्वा आगत्य गुरुमवदत् - इदं भैक्ष्यमिति। गुरुः सर्वमेव भैक्ष्यमग्रहीत्। उपमन्युः परेद्युः गत्वा पुनः अपि गाः अरक्षत्। कतिपयदिनानि गतानि। एकदा सायं सः गुरुकुलमुपगम्य तूष्णीमतिष्ठत्। तं तथापि पीनतरं दृष्ट्वा गुरुः अवदत् - सर्वमेव भैक्ष्यमहमग्रहम्। अथापि त्वं पीनतरः असि। कथमिदानीं वृत्तिं कल्पयसि? सः गुरुं प्रत्यवदत् - गावः सन्ति खलु। पयः पिबामीति। तमवदत् गुरुः - नत्वेतद् युक्तं पयःपातुं, पयः वत्सार्थं भवतीति। सः तथेत्युक्त्वा परेद्युः गाः रक्षित्वा सायं गुरुगृहमागत्याग्रतः तूष्णीमतिष्ठत्। शिष्यं पीनतमं दृष्ट्वा गुरुः अचिन्तयत् - अयं न सत्यसन्धः। पुनः गुरुः शिष्यमवदत् - इदानीं त्वं पयः अपि न पिबसि।तथापि त्वं पीनतमः एवासि। कथमिदानीं वृत्तिं कल्पयसि? उपमन्युः गुरं प्रत्यवदत् - वत्साः सन्ति किल। ते पयः पिबन्ति। तदानीं वत्साः फेनमुद्गिरन्ति अहं तं फेनं पिबामीति। तं शिष्यं गुरुः पुनः अवदत् - एते दयालवः वत्साः गोपालार्थं प्रभूतं फेनमुद्गिरन्ति। अतः त्वं वत्सद्रोही भवसि। अतः श्वः प्रभृति फेनमपि न पातुमर्हसीति। उपमन्युः तथेत्युक्त्वा परेद्युः पुनः निराहारः गाः अरक्षत्। द्वित्राणि दिनानि तथातीतानि। एकदा सः क्षुधार्तः अर्कपत्राणि अभक्षयत्। क्षारतिक्तकटुरूक्षतीक्ष्णानि अर्कपत्राणि तमन्धमकुर्वन्। अन्धः अपि उपमन्युः गुरुवाक्यमनुसृत्य गाः अरक्षत्।।

अथ कदाचित् उपमन्युः गुरुगृहं न प्रत्यागच्छत्। सायं विलम्ब्यापि शिष्यमनागतं ज्ञात्वा अन्यशिष्याः गुरुमवदन् - उपमन्युः नागतः। अथ गुरुः शिष्याः च उपमन्युमन्विष्य वनमगच्छन्। तत्र ते उच्चैः शब्दमकुर्वन् - हे उपमन्यो त्वं कुत्रासि? त्वामन्विष्य गुरुसहिताः वयमागताः। हे उपमन्यो... हे उपमन्यो.... त्वं कुत्रासि? इति। अन्धः उपमन्युः कुत्रचित् कूपपतितः अभवत्। शिष्याः पुनः पुनः आह्वानमकुर्वन् - हे उपमन्यो... हे उपमन्यो.... त्वं कुत्रासि? इति। आह्वानं श्रुत्वा उपमन्युः कूपगतः एव उच्चैः प्रत्यवदत् - अहं कूपपतितः अस्मि। अहं कूपपतितः अस्मि इति। तत् श्रुत्वा गुरुः शिष्याः च अपृच्छन् - कथं त्वं कूपपतितः अभवः? इति। क्षुधार्तः अर्कपत्राणि भक्षयित्वा

अन्धः भूत्वाहं कूपपतितः अभवमिति। गुरुः तमवदत् अश्विनौ प्रार्थयितुम्। सः तथा अकरोत्। प्रीतौ अश्विनौ अपूपमोषधं चायच्छताम्। गुरुवाक्यमनादृत्यापूपं भोक्तुं उपमन्युः न उत्सुकः अभवत्। अथ गुरुः तमवदत् भोक्तुमपूपमौषधं च। ततः सः तथा अकरोत्। सः चक्षुष्मानभवत्। अथ सः बहिः आगच्छत्। इत्थम् उपमन्युकथा।।

Vocabulary

Abbreviations used

Besides those given earlier:

f.a.s. - feminine accusative singular

f.a.d. - feminine accusative dual

f.a.p. - feminine accusative plural

m.a.s. - masculine accusative singular

m.a.d. - masculine accusative dual

m.a.p. - masculine accusative plural

n.a.s. - neuter accusative singular

n.a.d. - neuter accusative dual

n.a.p. - neuter accusative plural

m.a.s.c.d. - masculine accusative singular, comparative degree

n.n.s.c.d. - neuter nominative singular, comparative degree

m.a.s.s.d. - masculie accusative singular, superlative degree

a.g.a.s. - all genders accusative singular

a.g.a.d. - all genders accusative dual

a.g.a.p. - all genders accusative plural

f.p.a.s. - first person accusative singular

f.p.a.d. - first person accusative dual

f.p.a.p. - first person accusative plural

s.p.a.s. - second person accusative singular

s.p.a.d. - second person accusative dual

s.p.a.p. - second person accusative plural

p.i.t.p.s. - past imperfect third person singular

p.i.t.p.d. - past imperfect third person dual

p.i.t.p.p. - past imperfect third person plural

p.i.s.p.s. - past imperfect second person singular

p.i.s.p.d. - past imperfect second person dual

p.i.s.p.p. - past imperfect second person plural

p.i.f.p.s. - past imperfect first person singular

p.i.f.p.d. - past imperfect first person dual

p.i.f.p.p. - past imperfect first person plural

धौम्यः (m.n.s) Dhaumya	गुरुः (m.n.s) teacher
उपमन्युः (m.n.s) Upamanyu	धौम्यशिष्यः (m.n.s) disciple/ student of Dhaumya
कृशः (m.n.s) lean	एकदा (i) once
तं (m.a.s) him/to him	अवदत् (p.i.t.p.s.) said/told
वत्स (m.v.s) young one!	उपमन्यो (m.v.s) Oh Upamanyu
गावः (m.n.p.) cows	रक्षितव्याः (m.n.p.) to be protected
द्राक् (i) immediately/quickly	गुरुं (m.a.s) to the teacher
प्रत्यवदत् (p.i.t.p.s.) replied	उषा (i) early in the morning
वनं (n.a.s) to the forest	गत्वा (i) having gone/reached
सुष्ठु (i) well	गाः (m.a.p.) cows
अरक्षत् (p.i.t.p.s.) reared/saved/ looked after	स्वतः (i) by nature/naturally/ originally
प्रतिदिनं (i) everyday	पीनः (m.n.s) fat/obese
अभवत् (p.i.t.p.s.)became/ happened/was	अतः (i) therefore
पीनं (m.a.s.) to the fat	शिष्यं (m.a.s.) to the student
उपमन्युं (m.a.s.) to Upamanyu	अपृच्छत् (p.i.t.p.s.) asked

असि (p.t.s.p.s.) you are	भृशम् (i) much/too much
कथं (i) how	त्वं (s.p.n.s) you
वृत्तिं (f.a.s.) livelihood	कल्पयसि (p.t.s.p.s.) you consume/earn for
भो (i) oh	भैक्ष्यं (n.a.s.) begging/alms
कृत्वा (i) having done/performed	कल्पयामि (p.t.f.p.s.) I consume/earn for
तं (m.a.s.) him/to him	पुनः (i) again
कर्तुम् (i) to do	उचितम् (n.n.s) proper/fit
मां (t.p.a.s.) me/to me	अनुक्त्वा (i) having not said/without saying
भोक्तुं (i) to eat	परेद्युः (i) next day
रक्षितुं (i) to rear/save/look after	अगच्छत् (p.i.t.p.s.) went
ततः (i) then/thereafter	सायं (i) in the evening
चरित्वा (i) having gone/walked/wandered	आगत्य (i) having come
सर्वं (n.a.s.) everything	एव (i) only
अग्रहीत् (p.i.t.p.s.) took	कतिपयदिनानि (n.n.p.) a few days
गतानि (n.n.p.) passed/went	एकदा (i) once
गुरुकुलम् (n.a.s.) to the abode of the teacher	उपगम्य (i) having approached/reached
तूष्णीं (i) silent	अतिष्ठत् (p.i.t.p.s.) stood
पीनतरं (m.a.s.c.d.) fatter	दृष्ट्वा (i) having seen
अहं (t.p.n.s.) I	अग्रहम् (p.i.f.p.s.) took
कथं (i) how	इदानीं (i) now
सन्ति (p.t.t.p.p.) are/there are	खलु (i) (see notes on the vocabulary)
पयः (n.a.s.) milk	पिबामि (p.t.f.p.s.) I take/drink
तु (i) but	एतद् (n.n.s.) this
युक्तं (n.n.s.) proper/fit	पातुं (i) to take/drink
वत्सार्थं (i) for the calf	रक्षित्वा (i) having reared/saved/looked after

गुरुगृहं (m.a.s.) to the abode/ house of the teacher	अग्रतः (i) in the front/in front of
पीनतमं (m.a.s.s.d.) fattest	अचिन्तयत् (p.i.t.p.s.) thought
अयं (m.n.s.) this/this man/person	सत्यसन्धः (m.n.s.) truthful
पिबसि (p.t.s.p.s.) you take/drink	वत्साः (m.n.p.) calves
किल (i) (see notes on the vocabulary)	ते (m.n.p.) they
पिबन्ति (p.t.t.p.p.) take/drink	तदानीं (i) then
फेनं (m.a.s.) foam	उद्गिरन्ति (p.t.t.p.p.) drop
एते (m.n.p.) these	दयालवः (m.n.p.) pityful/kind
प्रभूतं (a.g.m.a.s.) much/ abundant	गोपालार्थं (i) for/in favour of the cowherd
अतः (i) therefore	वत्सद्रोही (m.n.s.) one who hurts/injures the calves
भवसि (p.t.s.p.s.) you are	श्वः (i) tomorrow
प्रभृति (i) etc./onwards	पातुं (i) to take/drink
अर्हसि (p.t.s.p.s.) you can/ you are fit/able/capable	निराहारः (m.n.s.) without/one who does not take food
द्वित्राणि (n.n.p.) two- three	दिनानि (n.n.p.) days
अतीतानि (n.n.p.) passed	क्षुधार्तः (m.n.s.) afflicted by hunger
अर्कपत्राणि (n.n.p.) leaves of sunplant	अभक्षयत् (p.i.t.p.s.) ate
क्षारतिक्तकटुरूक्ष तीक्ष्णानि (n.n.p.) caustic, bitter, acrid, astringent and pungent	अन्धं (m.a.s.) blind
अकुर्वन् (p.i.t.p.p.) made	अन्धः (m.n.s.) blind
गुरुवाक्यं (n.a.s.) the words of the teacher	अनुसृत्य (i) having obeyed/ followed
कदाचित् (i) once	प्रत्यागच्छत् (p.i.t.p.s.) returned
विलम्ब्य (i) having become late	अनागतं (m.a.s.) unreturned/not returned

ज्ञात्वा (i) having known	अन्यशिष्याः (m.n.p.) other students
अन्विष्य (i) having searched/in search of	अगच्छन् (p.i.t.p.p.) went
शब्दं (m.a.s.) noise	हे उपमन्यो (m.v.s.) oh Upamanyu
कुत्र (i) where	त्वां (s.p.a.s.) you
गुरुसहिताः (m.n.p.) along with the teacher	वयं (f.p.n.p.) we
आगताः (m.n.p.) have come/ came	कुत्रचित् (i) somewhere
कूपपतितः (m.n.s.) fallen in well	शिष्याः (m.n.p.) students
पुनः (i) again	आह्वानं (n.a.s.) call
श्रुत्वा (i) having heard	कूपगतः (m.n.s.) being in the well
अस्मि (p.t.f.p.s.) I am	अपृच्छन् (p.i.t.p.p.) asked
अभवः (p.i.s.p.s.) you became/ were/ happened to be	भक्षयित्वा (i) having eaten
भूत्वा (i) having become	अभवं (p.i.f.p.s.) I became/ was/ happened to be
अश्विनौ (m.a.d.) Asvins	प्रार्थयितुम् (i) to pray to
अकरोत् (p.i.t.p.s.) did/made/ performed	प्रीतौ (m.a.d.) pleased
अपूपं (m.a.s.) bread	औषधं (n.a.s.) medicine
अयच्छताम् (p.i.t.p.d.) sent/gave	अनादृत्य (i) having neglected/ neglecting
उत्सुकः (m.n.s.) interested	चक्षुष्मान् (m.n.s.) one who has eyes
बहिः (i) out/outward	आगच्छत् (p.i.t.p.s.) came
इत्थं (i) thus/this way	उपमन्युकथा (f.n.s) story of Upamanyu.

Notes on the Vocabulary

धौम्यः नाम - named/called Dhaumya.

रक्षितव्याः - deserving to be protected (see grammar).

द्राक्- immediately/quickly.

आं तथैव - Yes, it is certainly/exactly so.

उषा - early in the morning. Similar indeclinable words denoting time.

प्रातः - in the morning.

दिवा - during day time.

सायं - in the evening.

नक्तं - at night.

नक्तंदिवम्/दिवानक्तम्/दिवानिशं - day and night/24 hours a day.

वत्स - young one. Elderly people usually address boys this way. Its feminine form is वत्से used for addressing girls.

वनं गत्वा गाः अरक्षत् - Having reached the forest he reared/looked after the cows.

भैक्ष्यं कृत्वा वृत्तिं कल्पयामि - I live having begged.

वृत्तिं कल्पयसि - you consume/earn for your livelyhood.

कर्तुम् - to do.The suffix तुम् is added to roots to make infinitives.

भोक्तुम् - to eat. वक्तुम् - to tell. रक्षितुम् - to protect. गन्तुम् - to go. भवितुं - to be/happen. प्रष्टुम् - to ask. चरितुम् - to walk. आगन्तुम् - to come. ग्रहीतुम् - to take/grasp. स्थातुम् - to stand. द्रष्टुम् - to see. पातुम् - to drink. चिन्तयितुम् - to think. अनुसर्तुम् to follow/obey. ज्ञातुम् to know. अन्वेष्टुम् - to search. श्रोतुम् - to hear/listen. भक्षयितुम् - to eat.

Grammar

1. Prepositions/prefixes (उपसर्गाः)

Prepositions/prefixes called उपसर्ग are added to roots/ nouns and they interfere with the meaning and form of the roots/nouns. They are प्र, परा, अप, सम्, अनु, अव, निस्, निर्, दुस्, दुर्, वि, आङ् (आ), नि, अधि, अपि, अति, सु, उत्, अभि, प्रति, परि, उप, etc.

2. Potential Passive Participle (तव्य/अनीय)

तव्य and अनीय are two affixes added to roots to make the Potential Passive Participle.

रक्षितव्य - deserving/fit to be protected.

रक्षणीय - also has the same meaning.

मानितव्य/माननीय - deserving to be honoured.

प्रेषितव्य / प्रेषणीय - deserving/fit to be sent.

विचारितव्य/विचारणीय - deserving/fit to be thought about/ discussed.

3. Gerund

When a principal and a subsidiary action are performed by the same subject, the subsidiary one is denoted by the verb form ending in त्वा.

वनं गत्वा गाः अरक्षत् - Having reached the forest he reared/ looked after the cows. Reaching the forest is the subsidiary action and rearing the cows is the principal one. The sentence can be translated as- reaching the forest he reared/looked after the cows.

The suffix त्वा is added to root and the form is indeclinable:

कृत्वा - having done. भुक्त्वा - having eaten. उक्त्वा - having said/told. रक्षित्वा - having protected. भूत्वा - having become. पृष्ट्वा - having asked. चरित्वा - having walked. गृहीत्वा - after having taken/grasped. स्थित्वा - having stood/remained. दृष्ट्वा - having seen. पीत्वा - having drunk. चिन्तयित्वा - having thought. ज्ञात्वा - having known श्रुत्वा - having heard/listened. भक्षयित्वा - having eaten.

When an उपसर्ग precedes root य is added instead of त्वा -

आगत्य - having come.

उपगम्य - having approached.

अनुसृत्य - having obeyed/followed.

विलम्ब्य - having become late.

अन्विष्य - having searched.

अनादृत्य - having neglected.

The त्वा/य ending Sanskrit words can be translated into English using gerund. गुरुवाक्यमनादृत्य भोक्तुं - to eat neglecting the words of the teacher.

गुरुवाक्यमनुसृत्य गा: अरक्षत् - looked after the cows following the words of the teacher.

4. Degrees of comparison

As in English, there are three degrees of comparison in Sanskrit, namely positive, comparative and superlative.

Positive	Comparative	Superlative
लघु: Light	लघुतर: lighter	लघुतम: lightest
गुरु: strong/ Heavy	गुरुतर: stronger/ heavier	गुरुतम: strongest/ heaviest

There are also other forms denoting degrees of comparison which will be dealt with later.

5. Declension

Accusative case is generally used to denote the object. Destination etc are also denoted in special usages.

स: गा: अरक्षत् - He reared the cows. गा: - object.

स: वनं अगच्छत् - He went to the forest. वनं - destination.

Accusative case - singular, dual and plural (प्रथमाविभक्ति: - एकवचनम्, द्विवचनम्, बहुवचनम् च)

a) Gender Accu - singular, dual, plural ending

रामं, रामौ, रामान्

- अं - औ - आन्

Masculine   पतिं, पती, पतीन्

- इं - ई- ईन्

     साधुं, साधू, साधून्

- उं - ऊ - ऊन्

     तं, तौ, तान्

- अं - औ - आन्

     एतं, एतौ, एतान्

- अं - औ - आन्

     सीतां, सीते, सीताः

- आं - ए - आः

Feminine   पत्नीं, पत्न्यौ, पत्नीः

- ईं - यौ - ईः

     तां, ते, ताः

- आं - ए - आः

     एतां, एते, एताः

- आं - ए - आः

Neuter   फलं, फले, फलानि

- अं - ए - आनि

     तत्, ते तानि

- अत् - ए - आनि

     एतत्, एते, एतानि

- अत् - ए - आनि

b) त्वं, अहम्

त्वं - त्वां/त्वा, युवां/वां, युष्मान्/वः

आं/आ, आं, आन्/अः

अहम् - मां/मा, आवां/नौ, अस्मान्/नः

आं/आ, आं/औ, आन्/अः

Note:

1. Nominative dual and accusative dual forms are the same in all genders.

2. Nominative and accusative forms are the same in all numbers of neuter gender.

6. Concord of substantive and adjective (continued)

It was said earlier that unlike in English, Sanskrit adjectives should agree with their substantives in gender, number and case. Let us see the agreement of case.

समर्थं (m.a.s.) रामं (m.a.s.) - able Rama, to able Rama.

पतिव्रता (f.a.s.) सीताम् (f.a.s.) - chaste Sita, to chaste Sita.

मधुरम् (n.a.s.) फलम् (n.a.s.) - sweet fruit, to sweet fruit.

7. Combination (सन्धिः)

तथा + एव - तथैव

तदा + एवम् - तदैवम्

अथ + एतत् - अथैतत्

Rule (3) - when अ or आ is followed by ए both together will be replaced by ऐ

तथा + इति - तथेति

अथ + इह - अथेह

तदा + ईशः - तदेशः

अथ + ईषत् - अथेषत्

Rule (4) - when अ or आ is followed by इ or ई both together will be replaced by ए.

8. Conjugation

भ्वादि (class1 type) - भूधातुः (root भू) meaning सत्ता (to be, become), लङ् (past imperfect)

Person	**Number**		
	एकवचनं	द्विवचनं	बहुवचनं
प्रथमपुरुषः	अभवत्	अभवताम्	अभवन्
मध्यमपुरुषः	अभवः	अभवतम्	अभवत
उत्तमपुरुषः	अभवम्	अभवाव	अभवाम

Note the ending

Person	**Number**		
	एकवचनं	द्विवचनं	बहुवचनं
प्रथमपुरुषः	..अत्	..अतां	..अन्
मध्यमपुरुषः	..अः	..अतम्	..अत
उत्तमपुरुषः	..अम्	..आव	..आम

EXERCISES

1. Sort out the nouns, verbs and indeclinables:

धौम्यः, नाम, कश्चित्, गुरुः, उपमन्युः, धौम्यशिष्यः, सः, कृशः, एकदा, तं, अवदत्, वत्स, उपमन्यो, गावः, रक्षितव्याः, द्राक्, गुरुं, प्रत्यवदत्, आं, तथा, एव, इति, उषा, वनं, गत्वा, अरक्षत्, स्वतः, कृशः, अपि, प्रतिदिनं, पीनः, अभवत्, अतः, पीनं, शिष्यं, उपमन्युम्, अप्रच्छत्, असि, भृशम्, कथं, वृत्ति, कल्पयसि, भो, भैक्ष्यं, कृत्वा, कल्पयामि, इति, कर्तुम्, उचितम्, परन्तु, माम्, अनुक्त्वा, भोक्तुं, न, शिष्यः, उक्त्वा, परेद्युः, रक्षितुम्, अगच्छत्, ततः, सायं, चरित्वा, आगत्य, इदं, सर्वम्, अग्रहीत्, कतिपयदिनानि, गतानि, गुरुकुलम्, उपगम्य, तूष्णीम्, अतिष्ठत्, पीनतरं, दृष्ट्वा, अहम्, अग्रहम्, अथ, इदानीं, सन्ति, खलु, पयः, पिबामि, न, तु, एतद्, युक्तं, पातुं, वत्सार्थं, भवति, रक्षित्वा, गुरुगृहम्, आगत्य, अग्रतः, पीनतमं, अचिन्तयत्, अयं, सत्यसन्धः,

पिबसि, वत्साः, किल, ते, पिबन्ति, तदानीं, फेनम्, उद्गिरन्ति, एते, दयालवः, गोपालार्थं, प्रभूतं, अतः, वत्सद्रोही, भवसि, श्वः, प्रभृति, पातुम्, अर्हसि, निराहारः, द्वित्राणि, अतीतानि, एकदा, क्षुधार्तः, अर्कपत्राणि, अभक्षयत्, क्षारतिक्तकटुरूक्षतीक्ष्णानि, अन्धम्, अकुर्वन्, अन्धः, गुरुवाक्यम्, अनुसृत्य, अथ, कदाचित्, विलम्ब्य, अनागतं, ज्ञात्वा, अन्यशिष्याः, शिष्याः, च, अन्विष्य, वनम्, अगच्छन्, तत्र, उच्चैः, शब्दम्, हे उपमन्यो, कुत्र, त्वाम्, गुरुसहिताः, वयम्, आगताः, कुत्रचित्, कूपपतितः, अभवत्, पुनः, आह्वानम्, श्रुत्वा, अहं, तत्, अपृच्छन्, अभवः, भक्षयित्वा, भूत्वा, अभवम्, अश्विनौ, प्रार्थयितुम्, अकरोत्, प्रीतौ, अपूपम्, औषधं, च, अयच्छताम्, अनादृत्य, भोक्तुम्, उपमन्युः, उत्सुकः, अभवत्, चक्षुष्मान्, बहिः, आगच्छत्।

2. **Give the other two degrees:**

   Model:

उग्रतरः	Answer	उग्रः, उग्रतमः
कष्टतरं	Answer	कष्टम्, कष्टतमम्
इष्टतमा	Answer	इष्टा, इष्टतरा

   मधुरम्, सृन्दरतमम्, साधुतरः, प्रियः, कृशतमः, पीनः, अन्धतरः, प्रीततमः, उत्सुकः, प्रसिद्धं, अनुरक्ततरः, प्रिया, पीनतरा, कृशा।

3. **Match the following:**

A	B
अहम्	प्रत्यवदत्
शिष्यः	कल्पयामि
गुरूः	रक्षितव्याः
गावः	अपृच्छत्
दिनानि	पिबसि
त्वं	गतानि
वत्साः	भवसि
त्वं	दयालवः
अहम्	अचिन्तयत्

धौम्यः	पिबामि
अश्विनौ	अभवम्
अहं	अयच्छताम्

4. **Make the accusative case singular, dual and plural (द्वितीयाविभक्तिः - एकवचनं, द्विवचनं, बहुवचनम् च) forms by adding appropriate ending:**

Model:

नारद --- नारदम् नारदौ नारदान्।

सीता --- सीतां सीते सीताः।

वन --- वनं वने वनानि।

कवि --- कविं कवी कवीन्।

गुरु --- गुरुं गुरू गुरून्।

पत्नी --- पत्नीं पत्नी पत्नीः।

उपमन्यु, धौम्यशिष्य, वत्स, दिन, कृश, पीन, दिन, गत, सत्यसन्ध, फेनम्, दयालु, अतीत, अर्कपत्र, शब्द, प्रीत, अपूप, ओषध, उत्सुक, महर्षि, धर्मज्ञ, कृतज्ञ, सत्यवाक्य, दृढव्रत, समर्थ, पुराण, अनसूयक, ईदृश, नर, राम, इक्ष्वाकुवंश, महावीर्य, विपुलांस, महाबाहु, कंबुग्रीव, महाहनु, महोरस्क, आजानुबाहु, सुललाट, समविभक्तांग, स्निग्द्धवर्ण, विशालाक्ष, सत्यसन्ध, ज्ञानसंपन्न, शुचि, वश्य, रिपुनिषूदन, सर्वलोकप्रिय, देवी, नारी, अभिगत, आर्य, सर्वसम, सर्वगुणोपेत, प्रियदर्शन।

5. **Combine the following:**

a) Model:

तथा + एव - तथैव

अथ + एतत् - अथैतत्

अथ + एनम्, कदा + एषः, एकदा + एकः, नाम + एषा, उषा + एव, सा + एव, या + एवम्, का + एषा, तिलोत्तमा + एव, सीता + एकदा।

b) Model:

तथा + इति - तथेति

अथ + इह - अथेह

तदा + ईशः - तदेशः

अथ + ईषत् - अथेषत्

नाम + इति, एकदा + इह, तथा + ईषत्, कृत्वा + इत्थम्, आगत्य + इदानीं, गत्वा + इद, कथा + इव, कुत्र + इति, अत्र + इदानीं, सा + इव, प्रिया + इह, तिलोत्तमा + इति, अथ + इति, सा + इह, न + इत्थं, न + ईषत्।

c) Revision

एकदा + अवदत्, इति + इह, इति + ईषत्, सुष्टु + उक्त्वा, जय + जागत्य, अथय + जतः, इति + इष्टम्, तथा + अतीतानि, तथा + अवदत्, सुष्टु + उत्सुकः, दिनानि + इव।

6. **Some roots and their third person singular form of लट् (Present Tense) are given below. ± Write the conjugational forms in all the persons and numbers of लङ् (Past Imperfect Tense).**

Model: भू to be, become भवति (p.t.t.p.n.s.) लङ् (Past Imperfect Tense)

Person	Number		
	एकवचनं	द्विवचनं	बहुवचनं
प्रथमपुरुषः	अभवत्	अभवताम्	अभवन्
मध्यमपुरुषः	अभवः	अभवतम्	अभवत
उत्तमपुरुषः	अभवम्	अभवाव	अभवाम

खाद् - खादति, गद - गदति, शुच - शोचति, वाञ्छि - वाञ्छति, कूज - कूजति, गर्ज - गर्जति, तर्ज - तर्जति, मुडि - मुण्डति, क्रीड् - क्रीडति, भण - भणति, गम् - गच्छति, चर् - चरति, जि - जयति, तप - तपति, हस् - हसति, पच् - पचति, यज् - यजति, लस् - लसति, वद् - वदति, वस् - वसति, रक्ष् - रक्षति, प्रच्छ - पृच्छति, पिब् - पिबति, यच्छ - यच्छति।

7. **Make ten Sanskrit sentences using the words you learned from the present lesson:**

Model: गुरुः एकदा उपमन्युमवदत्।

8. **Translate into Sanskrit:**

1. Going to the forest Upamanyu looked after the cows.

2. The lean Upamanyu became fat every day.

3. It is not proper to beg.

4. It is not proper to eat alms without telling me.

5. Upamanyu told the teacher in the evening.

6. How do you earn for your livelyhood?

7. Upamanyu went to the abode of the teacher.

8. Is it proper to eat alms?

9. Upamanyu went again to rear the cows.

10. Dhaumya took all the alms.

9. **Translate into English:**

1. अथापि उपमन्युः पीनतरः अभवत्।

2. कथमुपमन्युः वृत्तिं कल्पयति?

3. शिष्यं पीनतरं दृष्ट्वा गुरुः अपृच्छत्।

4. उपमन्युः गुरुं प्रत्यवदत् गावः सन्तीति।

5. उपमन्युः पयः पिबति।

6. पयः पातुं न युक्तं, तत् वत्सार्थं भवति।

7. गुरुः अचिन्तयत् शिष्यः न सत्यसन्धः इति।

8. उपमन्युः तूष्णीमतिष्ठत्।

9. त्वं पयः न पिबसि।

10. वत्साः गोपालार्थं फेनमुद्गिरन्ति।

10. **Memorise Rule (3)** - when अ or आ is followed by ए both together will be replaced by ऐ.

आ + ए = ऐ, अ + ए = ऐ

11. **Memorise Rule (4)** - when अ or आ is followed by इ or ई both together will be replaced by ए.

आ + इ = ए, अ + इ = ए, आ + ई = ए, अ + ई = ए

12. **Memorise:** Accusative case is generally used to denote the object. Destination etc. are also denoted in special usages.

13. **a) Read aloud and write:**

- इं वाल्मीकिं इकारान्तः पुंलिङ्गः द्वितीया एकवचनम्।

- ई वाल्मीकी इकारान्तः पुंलिङ्गः द्वितीया द्विवचनम्।

- ईन् वाल्मीकीन् इकारान्तः पुंलिङ्गः द्वितीया बहुवचनम्।

- अम् नारदम् अकारान्तः पुंलिङ्गः द्वितीया एकवचनम्।

- औ नारदौ अकारान्तः पुंलिङ्गः द्वितीया द्विवचनम्।

- आन् नारदान् अकारान्तः पुंलिङ्गः द्वितीया बहुवचनम्।

- इं महर्षिम् इकारान्तः पुंलिङ्गः द्वितीया एकवचनम्।

- ई महर्षी इकारान्तः पुंलिङ्गः द्वितीया द्विवचनम्।

- ईन् महर्षीन् इकारान्तः पुंलिङ्गः द्वितीया बहुवचनम्।

- अम् धर्मज्ञम् अकारान्तः पुंलिङ्गः द्वितीया एकवचनम्।

- औ धर्मज्ञौ अकारान्तः पुंलिङ्गः द्वितीया द्विवचनम्।

- आन् धर्मज्ञान् अकारान्तः पुंलिङ्गः द्वितीया बहुवचनम्।

- अम् नरम् अकारान्तः पुंलिङ्गः द्वितीया एकवचनम्।

- औ नरौ अकारान्तः पुंलिङ्गः द्वितीया द्विवचनम्।

- आन् नरान् अकारान्तः पुंलिङ्गः द्वितीया बहुवचनम्।

- उम् महाबाहुम् अकारान्तः पुंलिङ्गः द्वितीया एकवचनम्।

- ऊ महाबाहू उकारान्तः पुंलिङ्गः द्वितीया द्विवचनम्।

- ऊन् महाबाहून् उकारान्तः पुंलिङ्गः द्वितीया बहुवचनम्।

- उम् आजानुबाहुम् उकारान्तः पुंलिङ्गः द्वितीया एकवचनम्।

- ऊ आजानवाहू उकारान्तः पुंलिङ्गः द्वितीया द्विवचनम्।

- ऊन् आनजानुबाहून् उकारान्तः पुंलिङ्गः द्वितीया बहुवचनम्।

- इं शुचिं इकारान्तः पुंलिङ्गः द्वितीया एकवचनम्।

- ई शुची इकारान्तः पुंलिङ्गः द्वितीया द्विवचनम्।

- ईन् शुचीन् इकारान्तः पुंलिङ्गः द्वितीया बहुवचनम्।

- उम् साधुं उकारान्तः पुंलिङ्गः द्वितीया एकवचनम्।

- ऊ साधू उकारान्तः पुंलिङ्गः द्वितीया द्विवचनम्।

- ऊन् साधून् उकारान्तः पुंलिङ्गः द्वितीया बहुवचनम्।

b) Read aloud and write:

- अत् अभवत् भू धातुः लङ् प्रथमपुरुषः एकवचनम्।

- आं अभवतां भू धातुः लङ् प्रथमपुरुषः द्विवचनम्।

- अन् अभवन् भू धातुः लङ् प्रथमपुरुषः बहुवचनम्।

- अः अभवः भू धातुः लङ् मध्यमपुरुषः एकवचनम्।

- तम् अभवतं भू धातुः लङ् मध्यमपुरुषः द्विवचनम्।

- त अभवत भू धातुः लङ् मध्यमपुरुषः बहुवचनम्।

- अम् अभवम् भू धातुः लङ् उत्तमपुरुषः एकवचनम्।

- आव अभवाव भू धातुः लङ् उत्तमपुरुषः द्विवचनम्।

- आम अभवाम भू धातुः लङ् उत्तमपुरुषः बहुवचनम्।

- अत् अवदत् वद धातुः लङ् प्रथमपुरुषः एकवचनम्।

- आं अवदतां वद धातुः लङ् प्रथमपुरुषः द्विवचनम्।

- अन् अवदन् वद धातुः लङ् प्रथमपुरुषः बहुवचनम्।

- अः अवदः वद धातुः लङ् मध्यमपुरुषः एकवचनम्।

- तम् अवदतं वद धातुः लङ् मध्यमपुरुषः द्विवचनम्।

- त अवदत वद धातुः लङ् मध्यमपुरुषः बहुवचनम्।

- अम् अवदम् वद धातुः लङ् उत्तमपुरुषः एकवचनम्।

- आव अवदाव वद धातुः लङ् उत्तमपुरुषः द्विवचनम्।

- आम अवदाम वद धातुः लङ् उत्तमपुरुषः बहुवचनम्।

- अत् अहसत् हस् धातुः लङ् प्रथमपुरुषः एकवचनम्।

- आम् अहसतां हस् धातुः लङ् प्रथमपुरुषः द्विवचनम्।

- अन् अहसन् हस् धातुः लङ् प्रथमपुरुषः बहुवचनम्।

- अः अहसः हस् धातुः लङ् मध्यमपुरुषः एकवचनम्।

- तम् अहसतम् हस् धातुः लङ् मध्यमपुरुषः द्विवचनम्।

- त अहसत हस् धातुः लङ् मध्यमपुरुषः बहुवचनम्।

- अम् अहसम् हस् धातुः लङ् उत्तमपुरुषः एकवचनम्।

- आव अहसाव हस् धातुः लङ् उत्तमपुरुषः द्विवचनम्।

- आम अहसाम हस् धातुः लङ् उत्तमपुरुषः बहुवचनम्।

- अत् अखादत् खाद धातुः लट् प्रथमपुरुषः एकवचनम्।

- आम् अखादतां खाद धातुः लट् प्रथमपुरुषः द्विवचनम्।

- अन् अखादन् खाद धातुः लट् प्रथमपुरुषः बहुवचनम्।

- अः अखादः खाद धातुः लट् मध्यमपुरुषः एकवचनम्।

- तम् अखादतम् खाद धातुः लट् मध्यमपुरुषः द्विवचनम्।

- त अखादत खाद धातुः लट् मध्यमपुरुषः बहुवचनम्।

- अम् अखादम् खाद धातुः लट् उत्तमपुरुषः एकवचनम्।

- आव अखादाव खाद धातुः लट् उत्तमपुरुषः द्विवचनम्।

- आम अखादाम खाद धातुः लट् उत्तमपुरुषः बहुवचनम्।

- अत् अगदत् गद धातुः लट् प्रथमपुरुषः एकवचनम्।

- ताम् अगदतां गद धातुः लट् प्रथमपुरुषः द्विवचनम्।

- अन् अगदन् गद धातुः लट् प्रथमपुरुषः बहुवचनम्।

- अः अगदः गद धातुः लट् मध्यमपुरुषः एकवचनम्।

- तम् अगदतम् गद धातुः लट् मध्यमपुरुषः द्विवचनम्।

- त अगदत गद धातुः लट् मध्यमपुरुषः बहुवचनम्।

- अम् अगदम् गद धातुः लट् उत्तमपुरुषः एकवचनम्।

- आव अगदाव गद धातुः लट् उत्तमपुरुषः द्विवचनम्।

- आम अगदाम गद धातुः लट् उत्तमपुरुषः बहुवचनम्।

- अत् अशोचत् शुच धातुः लट् प्रथमपुरुषः एकवचनम्।

- ताम् अशोचताम् शुचधातुः लट् प्रथमपुरुषः द्विवचनम्।

- अन् अशोचन् शुच धातुः लट् प्रथमपुरुषःबहुवचनम्।

- अः अशोचः शुच धातुः लट् मध्यमपुरुषः एकवचनम्।

- तम् अशोचतम् शुच धातुः लट् मध्यमपुरुषः द्विवचनम्।

- त अशोचत शुच धातुः लट् मध्यमपुरुषः बहुवचनम्।

- अम् अशोचम् शुच धातुः लट् उत्तमपुरुषः एकवचनम्।

- आव अशोचाव शुच धातुः लट् उत्तमपुरुषः द्विवचनम्।

- आम अशोचाम शुच धातुः लट् उत्तमपुरुषः बहुवचनम्।

- अत् अवाञ्छत् वाञ्छि धातुः लट् प्रथमपुरुषः एकवचनम्।

- ताम् अवाञ्छताम् वाञ्छि धातुः लट् प्रथमपुरुषः द्विवचनम्।

- अन् अवाञ्छन् वाञ्छि धातुः लट् प्रथमपुरुषः बहुवचनम्।

- अः अवाञ्छः वाञ्छि धातुः लट् मध्यमपुरुषः एकवचनम्।

- तम् अवाञ्छतम् वाञ्छि धातुः लट् मध्यमपुरुषः द्विवचनम्।

- त अवाञ्छत वाञ्छि धातुः लट् मध्यमपुरुषः बहुवचनम्।

- अम् अवाञ्छम् वाञ्छि धातुः लट् उत्तमपुरुष: एकवचनम्।

- आव अवाञ्छाव वाञ्छि धातुः लट् उत्तमपुरुषःद्विवचनम्।

- आम अवाञ्छाम वाञ्छि धातुः लट् उत्तमपुरुषः बहुवचनम्।

रावणः।

रामः इव रावणः अपि रामायणकथापात्रं भवति। रावणः राक्षसराजः। सः लङ्काधिपतिः। रावणानुजौ द्वौ। तौ कुम्भकर्णविभीषणौ। ते सर्वे तीव्रं तपः अकुर्वन्। तीव्रेण तपसा प्रीतः ब्रह्मा प्रत्यक्षः अभवत्। ब्रह्मोचितज्ञः आश्रितवत्सलः च। अतः सः वरं दातुमुत्सुकः अभवत्। रावणः अनुजौ चेष्टान् वरानवृणवन्। मानुषभिन्नैः अवध्यत्वं वरमवृणोत् रावणः। अतः रावणं हन्तुं कः अपि न प्रभवति। अनुजः कुम्भकर्णः निद्रामवृणोत्। अतः कुम्भकर्णः सदापि निद्रालुः अभवत्। अपरः रावणानुजः विभीषणः विष्णुभक्तिमवृणोत्। अतः सः अत्यन्तं विष्णुभक्तः अभवत्। स्वेच्छया हि ते सर्वे एवं वरानवृणवन्, तथैवाभवन् च।।

एवं वरं लब्ध्वा रावणः गत्वा कुबेरेण सह युद्धमकरोत्। सः कुबेरं जित्वा पुष्पकविमानं हृत्वा लङ्कापुरीं गत्वा तत्र ससुखमवसत्। सर्वे अपि राक्षसाः च लङ्कापुरीं प्राप्य दशाननमाश्रित्य ससुखमवसन्। अथ रावणः मयसुतां मन्दोदरीं परिणीतवान्। पुनः सः लोकान् सर्वान् आक्रन्दयन् विलासिनीः अहरत्। वैदिकं कर्म यागादिकं दूषयन् सः याज्ञिकान् द्विजान् अर्दति स्म। रावणसूनुः मेघनादः नाम। रावणः आत्मजेन मेघनादेनान्वितः देवेन्द्रमपि अपीडयत्। सः तदीयतरुरत्नानि किंकरैः लङ्कापुरीमानाय्य तत्र तानि स्थापयित्वा चिरायावसत्।।

रावणचेष्टितमसहमानाः देवाः ब्रह्माणमुपगम्य सङ्कटमवदन्। तदाकर्ण्य विधाता सुरैः सह दुग्धोदधितटं प्राप्य विविधैः स्तवैः विष्णुमतोषयत्। स्तोत्रैः प्रसन्नः विष्णुः आविर्भूय पितामहमपृच्छत् - हे पितामह, किमर्थं त्वं देवैः साकमागतः असि? इति। ततः अजः दशाननपीडामाद्यन्तमवदत्। तत् श्रुत्वोत्थाय हृषीकेशः ब्रह्माणं हर्षयन् प्रत्यवदत् - आत्मयोने, अलं भयेन। अहं दाशरथिः रामः भूत्वा दशाननं हनिष्यामि। सर्वे सुराः वानररूपिणः आविर्भविष्यन्ति। देवेन्द्रः बालिनं वानरं जनयिष्यति। मार्तण्डः सुग्रीवं वानरं, मारुतः हनूमन्तं वानरं च जनयिष्यति। पुरैव पद्मजः जाम्बवन्तं वानरमजनयत्। एवमन्ये विबुधाः च बहून् कपीन् जनयिष्यन्ति। ते सर्वे रावणं हन्तुं साहाय्यं करिष्यन्ति। एवं विधातारमुक्त्वा प्रभुः विष्णुः तत्रैवान्तरधात्। पद्मयोनिः तु गीर्वाणैः समं प्रहृष्टधीः स्ववसतिं प्रत्यगच्छत्।।

विष्णूक्तप्रकारेण सर्वमभवत्। एवं जातैः अखिलैः वानरैः समेतः बाली वानरराजः अभवत्। किष्किन्धा वानरराज्यमभवत् च। रावणः लङ्कामिव बाली किष्किन्धामध्यवसत्।।

Vocabulary

Abbreviations used

Besides those given earlier:

in. - instrumental.

s.f. - simple future

रावणः (m.n.s) Ravana	रामायणकथापात्रं (n.n.s) character of Ramayana
राक्षसराजः (m.n.s) king of demons	लङ्काधिपतिः (m.n.s) king of Lanka
रावणानुजौ (m.n.d) two younger brothers of Ravana	कुम्भकर्णविभीषणौ (m.n.d) Kumbhakarana and Vibhishana
सर्वे (m.n.p) all/all of them	तीव्रं (n.a.s) hard/severe/intense
तप: (n.a.s) penance	अकुर्वन् (p.i.t.p.p.) did/performed
तीव्रेण (n.in.s) by hard/severe/intense	तपसा (n.in.s) by penance
प्रीतः (m.n.s) pleased/satisfied	ब्रह्मा (m.n.s) Brahma
उचितज्ञः (m.n.s) one knows propriety	प्रत्यक्षः (m.n.s) visible
आश्रितवत्सलः (m.n.s) generous to those who seek refuge	अत: (i.) therefore/so
वरं (m.a.s) boon	दातुं (i.) to give
उत्सुकः (m.n.s) one who is willing/interested	इष्टान् (m.a.p) desired
वरान् (m.a.p) boons	अवृण्वन् (p.i.t.p.p.) received/accepted
मानुषभिन्नैः (m.i.n.p) by those other than human	अवध्यत्वं (n.a.s) immortality
अवृणोत् (p.i.t.p.s.) received/accepted/opted	हन्तुं (i.) to kill
प्रभवति (p.t.t.p.s.) becomes able/competent	अनुजः (m.n.s) younger brother
सदा (i.) always	निद्रालुः (m.n.s) sleepy

अपरः (m.n.s) another	रावणानुजः (m.n.s) younger brother of Ravana
विष्णुभक्तिम् (f.a.s) devotion to Visnu	अत्यन्तं (i.) ardently/very much/ very
विष्णुभक्तः (m.n.s) devotee of Visnu	स्वेच्छया (f.in.s) by one's own will/ on one's own
हि (i.) only	लब्ध्वा (i) having got/received
कुबेरेण (m.in.s) with/by Kubera	सह (i.) along with
युद्धम् (m.a.s) battle	अकरोत् (p.i.t.p.s.) did/performed
कुबेरं (m.a.s) Kubera	जित्वा (i) having won
पुष्पकविमानं (n.a.s) the plane named Pushpaka	हृत्वा (i) having taken forcefully/ looted/stolen
लङ्कापुरीं (f.a.s.) the city of Lanka	ससुखं (i) happily
अवसत् (p.i.t.p.s.) lived	राक्षसाः (m.n.p.) demons
प्राप्य (i) having reached/attained	दशाननं (m.a.s) Ravana
आश्रित्य (i) having depended on	अवसन् (p.i.t.p.p.) lived
अथ (i) afterwards	मयसुतां (f.a.s) daughter of Maya
मन्दोदरीं (f.a.s) Mandodari	परिणीतवान् (m.n.s) one who has married
पुन: (i) thereafter	लोकान् (m.a.p) people/worlds
सर्वान् (m.a.p.) all	आक्रन्दयन् (m.n.s) making to weep/lament
विलासिनी: (f.a.p.) women	अहरत् (p.i.t.p.s.) took away/stole
वैदिकं (n.a.s.) vedic	कर्म (n.a.s.) rite
यागादिकं (n.a.s.) sacrifice etc.	दूषयन् (m.n.s) ridiculing
याज्ञिकान् (m.a.p.) sacrificers	द्विजान् (m.a.p.) Brahmins.
अर्दति (p.t.f.p.s.) tortures	स्म (i.) (indicates past tense- grammar)
रावणसूनुः (m.n.s) son of Ravana	मेघनादः (m.n.s) Meghanada
नाम (i.) named	आत्मजेन (m.in.s) son
मेघनादेन (m.in.s) Meghanada	अन्वितः (m.n.s) accompanied by
देवेन्द्रं (m.a.s) Devendra (Indra)	अपीडयत् (p.i.t.p.s.) tortured

तदीयतरुरत्नानि (n.a.p) gems of his trees	किंकरैः (m.in.p.) by the servants
लङ्कापुरीम् (f.a.s.) to the town Lanka	आनाय्य (i.) having made to bring
तानि (n.a.p) them	स्थापयित्वा (i.) having planted/ placed
चिराय (i.) long/for a long time	रावणचेष्टितं (n.a.s.) gesture/ behaviour of Ravana
असहमानाः (m.n.p.) unable to bear with/suffer	देवाः (m.n.p.) gods
ब्रह्माणं (m.a.s.) Brahma	सङ्कटं (m.a.s.) misery/difficulty
आकर्ण्य (i.) having heard/listened	विधाता (m.n.s.) Brahma
सुरैः (m.in.p.) gods	दुग्धोदधितटं (a.g.a.s.) the banks of the Milky Ocean
विविधैः (m.in.p.) by different	स्तवैः (m.in.p.) by prayers
विष्णुं (m.a.s.) Vishnu	अतोषयत् (p.i.t.p.s.) pleased
स्तोत्रैः (n.in.p.) by prayers	प्रसन्नः (m.n.s.) pleased
आविर्भूय (i.) having appeared	पितामहं (m.a.s.) Brahma
किमर्थं (i.) why/for what	साकं (i.) = सह (i.) with
आगतः (m.n.s.) one who has come	अजः (m.n.s.) Brahma
दशाननपीडां (f.a.s.) torture by Ravana	आद्यन्तं (i.) from the beginning to the end/entire
अवदत् (p.i.t.p.s.) said/told	श्रुत्वा (i.) having heard/listened
उत्थाय (i.) having stood up	हृषीकेशः (m.n.s.) Vishnu
ब्रह्माणं (m.a.s.) Brahma	हर्षयन् (m.n.s.) pleasing/making happy
आत्मयोने (m.v.s.) O Brahma	अलं (i.) enough
भयेन (n.in.s.) with/by fear	दाशरथिः (m.n.s.) son of Dasaratha/Rama
भूत्वा (i.) having become/taken birth	दशाननं (m.a.s.) Ravana
हनिष्यामि (s.f.f.p.s.) I will kill	सुराः (m.n.p.) gods

वानररूपिणः (m.n.p.) having the form of monkeys	आविर्भविष्यन्ति (s.f.t.p.p.) will incarnate
देवेन्द्रः (m.n.s) Devendra (Indra)	बालिनं (m.a.s) Bali
वानरं (m.a.s) monkey	जनयिष्यति (s.f.t.p.s.) will give birth
मार्तण्डः (m.n.s) the sun	सुग्रीवं (m.a.s) Sugriva
मारुतः (m.n.s) the Maruts/wind	हनूमन्तं (m.a.s.) Hanuman
पुरैव - पुरा + एव (i) much earlier	पद्मजः (m.n.s.) Brahma
जाम्बवन्तं (m.a.s.) Jambavan	अजनयत् (p.i.t.p.s.) created
अन्ये (m.n.p.) others	विबुधाः (m.n.p.) gods
बहून् (m.a.p.) many	कपीन् (m.a.p.) monkeys
जनयिष्यन्ति (s.f.t.p.p.) will give birth	हन्तुं (i.) to kill
साहाय्यं (n.a.s.) help/assistance	करिष्यन्ति (s.f.t.p.p.) will do
विधातारं (m.a.s.) to Brahma	उक्त्वा (i.) having said
प्रभुः (m.n.s.) lord	तत्रैव - तत्र + एव (i) there only/ itself
अन्तरधात् (p.i.t.p.s.) disappeared	पद्मयोनिः (m.n.s.) Brahma
गीर्वाणैः (m.in.p.) gods	समं = सह along with/with
प्रहृष्टधीः (m.n.s.) happy-minded	स्ववसतिं (f.a.s.) own residence/ abode
प्रत्यगच्छत् (p.i.t.p.s.) returned	विष्णूक्तप्रकारेण (m.in.s) in the same manner as Visnu said
सर्वम् (n.n.s) everything/all things	अभवत् (p.i.t.p.s.) happened
जातै (m.in.p.) born	अखिलैः (m.in.p.) all
वानरैः (m.in.p.) monkeys	समेतः (m.n.s.) one who is with
बाली (m.n.s.) Bali	वानरराजः (m.n.s.) king of monkeys
अभवत् (p.i.t.p.s.) became	किष्किन्धा (f.n.s.) Kiskindha
वानरराज्यं (n.n.s.) kingdom of monkeys	किष्किन्धां (f.a.s.) Kiskindha
अध्यवसत् (p.i.t.p.s.) lived/dwelled	

Notes on the Vocabulary

प्रत्यक्षः अभवत् - became visible/appeared

मानुषभिन्नैः अवध्यत्वं - not to be killed by those other than human beings.

कः अपि - nobody

सदापि - always

तथैव - in the same way/ditto

कुबेरेण सह - with/along with Kubera

The indeclinables सम, साकं etc are also used instead of सह in the same sense.

युद्धमकरोत् - fought battle

आत्मजेन मेघनादेनान्वितः - accompanied by/ along with, his son Meghanada

किमर्थम् आगतः असि? Why have you come? / What is the purpose of your coming?

अलं भयेन - no need of fear

गीर्वाणैः समं with/along with the gods

वानरैः समेतः - one who is with/along with the monkeys

वानरैः साकं with/along with the monkeys

Grammar

1. Particle स्म

The particle स्म is added to the conjugational forms of लट् (Present Tense) to obtain Past Tense meaning. This is an alternative of लिट् (Past Perfect).

अर्दति स्म - tortured. अभ्यर्थयति स्म - requested. गच्छति स्म - went. सृजति स्म - created. पिबति स्म - drank रोहति स्म - grew.

But it is not used with भवति to get the said past meaning.

2. Declension

Instrumental case generally denotes the instrument or means of an action or the agent of an action. The latter is in passive voice.

रामः अस्त्रैः मारीचम् अपीडयत् Rama tortured Maricha with arrows.

सः धनेन पुस्तकं क्रीणाति - He buys book with money. धनेन - with money

Instrumental case - singular, dual and plural (तृतीयाविभक्तिः - एकवचनम्, द्विवचनम्, बहुवचनम् च)

Gender Instru - singular, dual, plural ending

a)

रामेण, रामाभ्यां, रामैः

- एण - आभ्यां - ऐः

Masculine

पत्या, पतिभ्यां, पतिभिः

- या - भ्यां - भिः

साधुना, साधुभ्यां, साधुभिः

- उना - उभ्यां - उभिः

तेन, ताभ्यां, तैः

- एन - आभ्यां - ऐः

एतेन, एताभ्यां, एतैः

- एन - आभ्यां - ऐः

सीतया, सीताभ्यां, सीताभिः

- अया - आभ्यां - आभिः

Feminine

पत्या, पत्नीभ्यां, पत्नीभिः

- या - ईभ्यां - ईभिः

एतया, एताभ्यां, एताभिः

- अया - आभ्यां - आभिः

Neuter   फलेन, फलाभ्यां, फलैः

- एन - आभ्यां - ऐः

                                         तेन, ताभ्यां, तैः

- एन - आभ्यां - ऐः

                                         एतेन, एताभ्यां, एतैः

- एन - आभ्यां - ऐः

b) त्वं, अहम्

त्वं   त्वया   आ

अहम्   मया   आ

3. Combination

a)

ब्रह्मा + उचितज्ञः - ब्रह्मोचितज्ञः

अथ + उच्चैः - अथोच्चैः

इह + ऊहः - इहोहः

तथा + ऊहः - तथोहः

Rule (5) - When अ or आ is followed by उ or ऊ both together will be replaced by ओ.

b) Note that the instrumental singular case form of राम is रामेण whereas that of साधु is साधुना. Other examples:

प्रत्यक्षेण - प् र् अ त् य् अ क् ष् ए ण् अ

ब्रह्मणा - ब् र् अ ह् म् अ ण् आ

तीव्रेण - त् ई व् र् ए ण् अ

Rule (6) Within a word न is replaced by ण when न is preceded by र or ष and this rule will apply even if in between न and र or ष there is one or more of the vowels, letters of the क or प series, य, र, व, the indeclinable आ or अं

4. Conjugation

भ्वादि (class 1 type) - भू धातुः (root भू) meaning सत्ता (to be, become), लृट् (Simple Future)

Person   **Number**

	एकवचनं	द्विवचनं	बहुवचनं
प्रथमपुरुषः	भविष्यति	भविष्यतः	भविष्यन्ति
मध्यमपुरुषः	भविष्यसि	भविष्यथः	भविष्यथ
उत्तमपुरुषः	भविष्यामि	भविष्यावः	भविष्यामः

Note the ending

Person   **Number**

	एकवचनं	द्विवचनं	बहुवचनं
प्रथमपुरुषः	..ष्यति	..ष्यतः	..ष्यन्ति
मध्यमपुरुषः	..ष्यसि	..ष्यथः	..ष्यथ
उत्तमपुरुषः	..ष्यामि	..ष्यावः	..ष्यामः

EXERCISES

1. Sort out the nouns, verbs and indeclinables:

रामः, इव, रावणः, रामायणकथापात्रं, भवति, अपि, रावणः, राक्षसराजः, सः, लङ्काधिपतिः, रावणानुजा, द्वौ, तौ, कुम्भकर्णविभीषणौ, ते, सर्वे, तीव्रं, तपः, अकुर्वन्, तीव्रेण, तपसा, प्रीतः, ब्रह्मा, प्रत्यक्षः, अभवत्, आश्रितवत्सलः, अतः, वरं, दातुम्, उत्सुकः, अनुजौ, च, इष्टान्, वरान्, अवृण्वन्, मानुषभिन्नैः, अवध्यत्वं, अवृणोत्, अतः, रावणं, हन्तुं, कः, अपि, न, प्रभवति, अनुजः, कुम्भकर्णः, निद्राम्, सदा, निद्रालुः, अपरः, रावणानुजः, विभीषणः, विष्णुभक्तिम्, अत्यन्तं, विष्णुभक्तः, स्वेच्छया, हि, एवं, वरान्, तथा, च, लब्ध्वा, गत्वा, कुबेरेण, सह, युद्धम्, अकरोत् कुबेरं, जित्वा, पुष्पकविमानं, हत्वा, लङ्कापुरीं, तत्र, ससुखम्, अवसत्, राक्षसाः, प्राप्य, दशाननम्, आश्रित्य, अवसन्, अथ, मयसुतां, मन्दोदरीं, परिणीतवान्, पुनः, लोकान्, सर्वान्, आक्रन्दयन्, विलासिनी, अहरत्, वैदिकं, कर्म, यागादिकं, दूषयन्, याज्ञिकान्, द्विजान्, अर्दति, स्म, रावणसूनुः, मेघनादः, नाम, आत्मजेन,

मेघनादेन, अन्वितः, देवेन्द्रम्, अपीडयत्, तदीयतरुरत्नानि, किंकरैः, आनाय्य, तत्र, तानि, स्थापयित्वा, चिराय, रावणचेष्टितम्, असहमानाः, देवाः, ब्रह्माणम्, उपगम्य, सङ्कटम्, अवदन्, तत्, आकर्ण्य, विधाता, सुरैः, सह, दुग्धोदधितटं, विविधैः, स्तवैः, विष्णुम्, अतोषयत्, स्तोत्रैः, प्रसन्नः, विष्णुः, आविर्भूय, पितामहम्, अपृच्छत्, हे, पितामह, किमर्थं, त्वं, देवैः, साकम्, आगतः, असि, इति,अजः, दशाननपीडाम्, आद्यन्तं, न्यवेदयत्, श्रुत्वा, हृषीकेश, आत्मयोने, अलं, भयेन, अहं, दाशरथिः, रामः, भूत्वा, दशाननं, हनिष्यामि, सुराः, वानररूपिणः, आविर्भविष्यन्ति, देवेन्द्रः, हर्षयन्, बालिनं, जनयिष्यति, मार्तण्डः, सुग्रीवं, मारुतः, हनूमन्तं, परा, पद्मजः, जाम्बवन्तं, अजनयत्, अन्ये, विबुधाः, बहून्, कपीन्, जनयिष्यन्ति, हन्तुम्, साहाय्यं, करिष्यन्ति, पद्मयोनिः, विधातम्, उक्त्वा, प्रभुः, अन्तरधात्, गीर्वाणैः, समं, प्रहृष्टधीः, स्ववसतिं, प्रत्यगच्छत्, विष्णूक्तप्रकारेण, सर्वम्, जातैः, अखिलैः, वानरैः, समेतः, बाली, वानरराजः, किष्किन्धाम्, अध्यवसत्, किष्किन्धा, वानरराज्यम्

2. **Write the instrumental case singular, dual and plural (तृतीयाविभक्तिः - एकवचनम् द्विवचनम्, बहुवचनम् च) of the nominative case - singular given.**

   a) Model:

   नारदः नारदेन - नारदाभ्यां - नारदैः।

   रामः, रावणः, रावणानुजः, प्रीतः, प्रत्यक्षः, आश्रितवत्सलः, वरः, उत्सुकः, अनुजः, इष्टः, मानुषभिन्नः, कः, कुम्भकर्णः, अपरः, विभीषणः, विष्णुभक्तः, कुबेरः, युद्धः, राक्षसः, दशाननः, लोकः, सर्वः, याज्ञिकः, द्विजः, मेघनादः, आत्मजः, अन्वितः, देवेन्द्रः, किंकरः, असहमानः, देवः, सुरः, विविधः, स्तवः, प्रसन्नः, पितामहः, आगतः, अजः, हृषीकेशः, सुरः, मार्तण्डः, सुग्रीवः, मारुतः, पद्मजः, विबुधः, गीर्वाणः, जातः, अखिलः, वानरः, समेतः।

   b) Model:

   सीता --- सीतया - सीताभ्यां - सीताभिः।

   निद्रा, स्वेच्छा, मयसुता, दशाननपीडा।

   c) Model:

   वनं --- वनेन - वनाभ्यां - वनेः।

तीव्रं, अवध्यत्वं, पुष्पकविमानं, वैदिकं, यागादिकं, तदीयतरुरत्नं, रावणचेष्टितम्, सङ्कटम्, दुग्धोदधितटं, स्तोत्रम्, भयं, साहाय्यं, सर्वम्, वानरराज्यम्।

d) Model:

कवि: --- कविना - कविभ्यां - कविभिः।

आत्मयोनिः, दाशरथिः, कपिः, पद्मयोनिः।

e) Model:

गुरु: --- गुरुणा - गुरुभ्यां - गुरुभिः।

निद्रालुः, रावणसूनुः, विष्णुः, प्रभुः।

f) Model:

पत्नी --- पत्न्या - पत्नीभ्यां - पत्नीभिः।

लङ्कापुरी, मन्दोदरी, विलासिनी।

3. Some roots and their third person singular form of लट् (present tense) are given below. ± Write the conjugational forms in all the persons and numbers of लृट् (simple future tense).

Model:

भू to be, become भवति (p.t.t.p.n.s.) लृट् (simple future tense)

Person	Number		
	एकवचनं	द्विवचनं	बहुवचनं
प्रथमपुरुषः	भविष्यति	भविष्यतः	भविष्यन्ति
मध्यमपुरुषः	भविष्यसि	भविष्यथः	भविष्यथ
उत्तमपुरुषः	भविष्यामि	भविष्यावः	भविष्यामः

खाद् - खादति, गद - गदति, शुच - शोचति, वाञ्छि - वाञ्छति, कूज - कूजति, गर्ज - गर्जति, तर्ज - तर्जति, मुडि - मुण्डति, क्रीड् - क्रीडति, भण - भणति, चर् - चरति, जि - जयति, तप - तपति, हस् - हसति, पच् - पचति, यज् - यजति, लस् - लसति, वद् - वदति, वस् - वसति, रक्ष् - रक्षति।

4. **Give the other two degrees:**

Model:

उग्रतरः Answer उग्रः, उग्रतमः

कष्टतरं Answer कष्टम्, कष्टतमम्

इष्टतमा Answer इष्टा, इष्टतरा

तीव्रं, प्रीततरः, इष्टतमः, प्रसन्नः, प्रत्यक्षः, मधुरतरः, सुन्दरतरः, साधुतमा, प्रियतरा, कृशा, पीनतरम्, अन्धतमा, उत्सुकः, प्रसिद्धतरा, अनुरक्तम्, प्रियतमः, पीनं।

5. **Match the following:**

a	b
रावणानुजौ	भविष्यथ
त्वं	कुम्भकर्णविभीषणौ
वयं	भविष्यथः
अहं	भविष्यावः
युवां	भविष्यन्ति
राक्षसाः	भविष्यामः
आवां	भविष्यति
विष्णुः	साकम्
यूयं	भविष्यामि
देवैः	भविष्यसि

6. **Combine the following:**

Model:

ब्रह्मा + उचितज्ञः - ब्रह्मोचितज्ञः

मया + उपगम्य

तया + उन्नततरः

सीतया + उच्चैः

अथ + ऊहः

कदा + उक्तम्

अथ + उपायः

इह + उत

तथा + उन्नतः

7. **Make ten Sanskrit sentences of your own using the words you learned so far.**

   Model:

   रावणभार्या मन्दोदरी लङ्कापुरीमध्यवसत्।

8. **Identify the ending, gender, case and number of the following:**

   Model:

   विष्णो - उ ending, masculine, vocative, singular (उकारान्तः पुंलिङ्गः संबोधनप्रथमा एकवचनम्)

   उपमन्युम्, धौम्यशिष्येण, वत्स, दिनानि, कृशाः, पीनेन, गता, सत्यसन्धम्, फेनम्, दयालुना, अतीतं, अर्कपत्राणि, शब्दम्, प्रीतान्, अपूपैः, औषधे, उत्सुकौ, महर्षिणा, धर्मज्ञान्, सत्यवाक्याभ्यां, दृढव्रतौ, समर्थान्, पुराणम्, अनसूयकौ, नरेभ्यः, रामेण, विपुलांसौ, महाबाहुभिः, कंबुग्रीवेण, महाहनो, महोरस्क, आजानुबाहुना, सुललाटौ, विशालाक्षान्, सत्यसन्धम्, ज्ञानसंपन्नाभ्याम्, शुचिः, देवी, नारी, सर्वसमेतः, सर्वगुणोपेताः, प्रियदर्शिनि।

9. **Memorise:**

   Rule 5 - when अ or आ is followed by उ or ऊ both together will be replaced by ओ.

   Rule 6 - Within a word न is replaced by ण when न is preceded by र or ष and this rule will apply even if in between न and र or ष there is one or more of the vowels, letters of the क or प series, य, व, र, the indeclinable आ or अं

10. **Identify the tense or mood, person and number of the following:**

Model:

भवतः - present tense, third person, dual (लट् प्रथमपुरुषः द्विवचनम्)

अवदत्, हनिष्यामि, अरक्षत्, भविष्यतः, अभवत्, भविष्यामः, अपृच्छत्, कल्पयसि, कल्पयामि, अगच्छत्, भविष्यथ, अतिष्ठत्, पिबामि, भवति, अचिन्तयत्, भविष्यावः, पिबसि, पिबन्ति, उद्गिरन्ति, भवसि, अर्हसि, अभक्षयत्, भविष्यसि, अगच्छन्, भविष्यन्ति, अपृच्छन्, अभवम्, अयच्छताम्।

11. **Translate into Sanskrit:**

1. Kumbhakarna and Vibhishana are Ravana's younger brothers.

2. Ravana is a character of Ramayana like Sita.

3. Ravana, Kumbhakarna and Vibhishana performed severe penance.

4. Brahma who is generous to those who seek refuge was willing to give boon.

5. Ravana, Kumbhakarna and Vibhishana opted boon according to their own desire.

6. Ravana won Kubera, looted his plane Pushpaka and went to the city of Lanka.

7. Maya's daughter Mandodari became wife of Ravana.

8. Ravana and Meghanada tortured even Devendra.

9. The gods told Vishnu about the entire tortures of Ravana.

10. As Vishnu said, with all the monkeys born, Bali became the king of the monkeys.

12. a) Read aloud and write:

- इना वाल्मीकिना इकारान्तः पुंलिङ्गः तृतीया एकवचनम्।

- इभ्यां वाल्मीकिभ्यां इकारान्तः पुंलिङ्गः तृतीया द्विवचनम्।

- इभिः वाल्मीकिभिः इकारान्तः पुंलिङ्गः तृतीया बहुवचनम्।

- एन नारदेन अकारान्तः पुंलिङ्गः तृतीया एकवचनम्।

- आभ्यां नारदाभ्यां अकारान्तः पुंलिङ्गः तृतीया द्विवचनम्।

- ऐः नारदैः अकारान्तः पुंलिङ्गः तृतीया बहुवचनम्।

- इणा महर्षिणा इकारान्तः पुंलिङ्गः तृतीया एकवचनम्।

- इभ्यां महर्षिभ्यां इकारान्तः पुंलिङ्गः तृतीया द्विवचनम्।

- इभिः महर्षिभिः इकारान्तः पुंलिङ्गः तृतीया बहुवचनम्।

- एन धर्मज्ञेन अकारान्तः पुंलिङ्गः तृतीया एकवचनम्।

- आभ्यां धर्मज्ञाभ्यां अकारान्तः पुंलिङ्गः तृतीया द्विवचनम्।

- ऐः धर्मज्ञैः अकारान्तः पुंलिङ्गः तृतीया बहुवचनम्।

- एण नरेण अकारान्तः पुंलिङ्गः तृतीया एकवचनम्।

- आभ्यां नराभ्यां अकारान्तः पुंलिङ्गः तृतीया द्विवचनम्।

- ऐ नरैः अकारान्त पुंलिङ्गः तृतीया बहुवचनम्।

- उना महाबाहुना अकारान्तः पुंलिङ्गः तृतीया एकवचनम्।

- उभ्यां महाबाहुभ्यां उकारान्तः पुंलिङ्गः तृतीया द्विवचनम्।

- उभिः महाबाहुभिः उकारान्तः पुंलिङ्गः तृतीया बहुवचनम्।

- उना आजानुबाहुना उकारान्तः पुंलिङ्गः तृतीया एकवचनम्।

- उभ्यां आजानुबाहुभ्यां उकारान्तः पुंलिङ्गः तृतीया द्विवचनम्।

- उभिः आजानुबाहुभिः उकारान्तः पुंलिङ्गः तृतीया बहुवचनम्।

- इना शुचिना इकारान्तः पुंलिङ्गः तृतीया एकवचनम्।

- इभ्यां शुचिभ्यां इकारान्तः पुंलिङ्गः तृतीया द्विवचनम्।

- इभिः शुचिभिः इकारान्तः पुंलिङ्गः तृतीया बहुवचनम्।

- उना साधुना उकारान्तः पुंलिङ्गः तृतीया एकवचनम्।

- उभ्यां साधुभ्यां उकारान्तः पुंलिङ्गः तृतीया द्विवचनम्।

- उभिः साधुभिः उकारान्तः पुंलिङ्गः तृतीया बहुवचनम्।

b) Read aloud and write:

- ति भविष्यति भू धातुः लृट् प्रथमपुरुषः एकवचनम्।

- तः भविष्यतः भू धातुः लृट् प्रथमपुरुषः द्विवचनम्।

- न्ति भविष्यन्ति भू धातुः लृट् प्रथमपुरुषः बहुवचनम्।

- सि भविष्यसि भू धातुः लृट् मध्यमपुरुषः एकवचनम्।

- थः भविष्यथः भू धातुः लृट् मध्यमपुरुषः द्विवचनम्।

- थ भविष्यथ भू धातुः लृट् मध्यमपुरुषः बहुवचनम्।

- आमि भविष्यामि भू धातुः लृट् उत्तमपुरुषः एकवचनम्।

- आवः भविष्यावः भू धातुः लृट् उत्तमपुरुषः द्विवचनम्।

- आमः भविष्यामः भू धातुः लृट् उत्तमपुरुषः बहुवचनम्।

- ति वदिष्यति वद धातुः लृट् प्रथमपुरुषः एकवचनम्।

- तः वदिष्यतः वद धातुः लृट् प्रथमपुरुषः द्विवचनम्।

- न्ति वदिष्यन्ति वद धातुः लृट् प्रथमपुरुषः बहुवचनम्।

- सि वदिष्यसि वद धातुः लृट् मध्यमपुरुषः एकवचनम्।

- थः वदिष्यथः वद धातुः लृट् मध्यमपुरुषः द्विवचनम्।

- थ वदिष्यथ वद धातुः लृट् मध्यमपुरुषः बहुवचनम्।

- आमि वदिष्यामि वद धातुः लृट् उत्तमपुरुषः एकवचनम्।

- आवः वदिष्यावः वद धातुः लृट् उत्तमपुरुषः द्विवचनम्।

- आमः वदिष्यामः वद धातुः लृट् उत्तमपुरुषः बहुवचनम्।

- ति हसिष्यति हस् धातुः लृट् प्रथमपुरुषः एकवचनम्।

- तः हसिष्यतः हस् धातुः लृट् प्रथमपुरुषः द्विवचनम्।

- न्ति हसिष्यन्ति हस् धातुः लृट् प्रथमपुरुषः बहुवचनम्।

- सि हसिष्यसि हस् धातुः लृट् मध्यमपुरुषः एकवचनम्।

- थः हसिष्यथः हस् धातुः लृट् मध्यमपुरुषः द्विवचनम्।

- थ हसिष्यथ हस् धातुः लृट् मध्यमपुरुषः बहुवचनम्।

- आमि हसिष्यामि हस् धातुः लृट् उत्तमपुरुषः एकवचनम्।

- आवः हसिष्यावः हस् धातुः लृट् उत्तमपुरुषःद्विवचनम्।

- आमः हसिष्यामः हस् धातुः लृट् उत्तमपुरुषः बहुवचनम्।

- ति खादिष्यति खाद धातुः लृट् प्रथमपुरुषः एकवचनम्।

- तः खादिष्यतः खादधातुः लृट् प्रथमपुरुषः द्विवचनम्।

- न्ति खादिष्यन्ति खाद धातुः लृट् प्रथमपुरुषः बहुवचनम्।

- सि खादिष्यसि खाद धातुः लृट् मध्यमपुरुषः एकवचनम्।

- थः खादिष्यथः खाद धातुः लृट् मध्यमपुरुषः द्विवचनम्।

- थ खादिष्यथ खाद धातुः लृट् मध्यमपुरुषः बहुवचनम्।

- आमि खादिष्यामि खाद धातुः लृट् उत्तमपुरुषः एकवचनम्।

- आवः खादिष्यावः खाद धातुः लृट् उत्तमपुरुषः द्विवचनम्।

- आमः खादिष्यामः खाद धातुः लृट् उत्तमपुरुषः बहुवचनम्।

- ति गदिष्यति गद धातुः लृट् प्रथमपुरुषःएकवचनम्।

- तः गदिष्यतः गद धातुः लृट् प्रथमपुरुषः द्विवचनम्।

- न्ति गदिष्यन्ति गद धातुः लृट् प्रथमपुरुषः बहुवचनम्।

- सि गदिष्यसि गद धातुः लृट् मध्यमपुरुषः एकवचनम्।

- थः गदिष्यथः गद धातुः लृट् मध्यमपुरुषः द्विवचनम्।

- थ गदिष्यथ गद धातुः लृट् मध्यमपुरुषः बहुवचनम्।

- आमि गदिष्यामि गद धातुः लृट् उत्तमपुरुषः एकवचनम्।

- आवः गदिष्यावः गद धातुः लृट् उत्तमपुरुषः द्विवचनम्।

- आमः गदिष्यामः गद धातुः लृट् उत्तमपुरुषः बहुवचनम्।

- ति शोचिष्यति शुच धातुः लृट् प्रथमपुरुषः एकवचनम्।

- तः शोचिष्यतः शुच धातुः लृट् प्रथमपुरुषः द्विवचनम्।

- न्ति शोचिष्यन्ति शुच धातुः लृट् प्रथमपुरुषः बहुवचनम्।

- सि शोचिष्यसि शुच धातुः लृट् मध्यमपुरुषः एकवचनम्।

- थः शोचिष्यथः शुच धातुः लृट् मध्यमपुरुषः द्विवचनम्।

- थ शोचिष्यथ शुच धातुः लृट् मध्यमपुरुषः बहुवचनम्।

- आमि शोचिष्यामि शुच धातुः लृट् उत्तमपुरुषः एकवचनम्।

- आवः शोचिष्यावः शुच धातुः लृट् उत्तमपुरुषः द्विवचनम्।

- आमः शोचिष्यामः शुच धातुः लृट् उत्तमपुरुषः बहुवचनम्।

- ति वाञ्छिष्यति वाञ्छि धातुः लृट् प्रथमपुरुषः एकवचनम्।

- तः वाञ्छिष्यतः वाञ्छि धातुः लृट् प्रथमपुरुषः द्विवचनम्।

- न्ति वाञ्छिष्यन्ति वाञ्छि धातुः लृट् प्रथमपुरुषः बहुवचनम्।

- सि वाञ्छिष्यसि वाञ्छि धातुः लृट् मध्यमपुरुषः एकवचनम्।

- थः वाञ्छिष्यथः वाञ्छि धातुः लृट् मध्यमपुरुषः द्विवचनम्।

- थ वाञ्छिष्यथ वाञ्छि धातुः लृट् मध्यमपुरुषः बहुवचनम्।

- आमि वाञ्छिष्यामि वाञ्छि धातुः लृट् उत्तमपुरुषः एकवचनम्।

- आवः वाञ्छिष्यावः वाञ्छि धातुः लृट् उत्तमपुरुषः द्विवचनम्।

- आमः वाञ्छिष्यामः वाञ्छि धातुः लृट् उत्तमपुरुषः बहुवचनम्।

- ति कूजिष्यति कूज धातुः लृट् प्रथमपुरुषः एकवचनम्।

- तः कूजिष्यतः कूज धातुः लृट् प्रथमपुरुषः द्विवचनम्।

- न्ति कूजिष्यन्ति कूज धातुः लृट् प्रथमपुरुषः बहुवचनम्।

- सि कूजिष्यसि कूज धातुः लृट् मध्यमपुरुषः एकवचनम्।

- थः कूजिष्यथः कूज धातुः लृट् मध्यमपुरुषः द्विवचनम्।

- थ कूजिष्यथ कूज धातुः लृट् मध्यमपुरुषः बहुवचनम्।

- आमि कूजिष्यामि कूज धातुः लृट् उत्तमपुरुषः एकवचनम्।

- आवः कूजिष्यावः कूज धातुः लृट् उत्तमपुरुषः द्विवचनम्।

- आमः कूजिष्यामः कूज धातुः लृट् उत्तमपुरुषः बहुवचनम्।

दशरथः।

दशरथः नाम सूर्यवंशजः पार्थिवः। दशरथ भार्याः तिस्रः कौसल्या, कैकेयी, सुमित्रा चेति। एवं तिस्रः दयिताः लब्ध्वापि दशरथः सन्ततिं नावाप्तवान्। खिन्नं तं सारथिः सुमन्त्रः उपादिशत् सुतलाभाय पुत्रकामेष्टिं कर्तुम्। भूपतिः सुमन्त्रमवदत् - पुत्रकामेष्टिं करिष्यामि। त्वं गच्छ, ऋष्यशृङ्गं मुनिमानय यागाय। सुमन्त्रः तु भवतु, भवान् स्वस्थो भवतु, अहं इदानीमेव गमिष्यामि इत्यभणत्।।

राजा दशरथः पुरोहितैः सह पुत्रकामेष्टिमकरोत्। अथ सपायसं पात्रमादाय यागाग्न्युत्थितः पुरुषः पायसभक्षणेन पुत्रोत्पत्तिं प्रत्यजानात्। तत् पायसं पत्नीभ्यः दातुं सः पार्थिवमुपादिशत् च। दशरथः अतीवोत्साहेन पायसं गृहीत्वा पत्नीः आहूय ताभ्यः तत् अदात्। तिस्रः अपि भार्याः पायसभक्षणेन गर्भवत्यः अभवन्। यथाकालं ताः तिस्रः अपि पुत्रानजनयन् च। कौसल्या रामचन्द्रं तनयमजनयत्। तथा कैकेय्यजनयत् तनयं भरतम्। सुमित्रा तु द्वौ पुत्रौ लक्ष्मणशत्रुघ्नौ अजनयत्। पुत्रलाभेनातीव सन्तुष्टः दशरथः सर्वेभ्यः अपि उपहारादिकं प्रायच्छत्। अथ सः ब्राह्मणैः जातकर्मादिकमकारयत् च। चत्वारः अपि दशरथसुताः अन्योन्यं स्नेहेन वृद्धिमुपगताः। ते युवानः अभवन्।।

अथ कदाचित् महामुनिः विश्वामित्रःदशरथमभ्यगच्छत्। स्वीययागरक्षायै रामचन्द्रमात्मना साकं प्रेषयितुं सःदशरथमभ्यर्थयति स्म। नृपतिः दशरथः महता प्रयासेनापि वसिष्ठवचनेन रामं लक्ष्मणेन समन्वितं विश्वामित्रेण सह प्रेषितवान्। विश्वामित्रः रामलक्ष्मणौ गृहीत्वा स्वाश्रमं प्रति अगच्छत्। विश्वामित्राज्ञया रामः मारीचमातरं राक्षसीं ताटकामवधीत्। यागविघातकं मारीचं रामः अस्त्रैः अपीडयत् च।।

मिथिलाधिपः पार्थिवः जनकः। जनकसुता सीता। रामः सीतां परिणयति स्म। अथ दशरथः ज्येष्ठपुत्राय रामाय यौवराज्यं दातुं ऐच्छत्। रामाभिषेकाय सः अनिर्णयत्। मन्थरा कैकेय्या सहोषिता दासी रामाय असूयति स्म, रामाय दुह्यति स्म। सा कैकेयीमवदत् - कैकेयि, गच्छतु भवती, पृच्छतु दशरथं वरद्वयं पूर्वं तुभ्यं प्रतिज्ञातम्। तत् सत्यम्, दशरथः पूर्वं तस्यै वरद्वयं दातुं प्रतिज्ञातवान्। अतः कैकेयी तथैवाकरोत्। सा स्वतनयाय भरताय युवराजपदं दातुम् रामं वनवासाय प्रेषयितुं च दशरथमभ्यर्थयति स्म। गत्यन्तराभावेन दशरथः तथैवाकरोत् च। एवं रामः सीता लक्ष्मणः च सुमन्त्रेण सह चतुर्दशवर्षदीर्घाय वासाय वनमगच्छन्।।

रामादीन् वने विहाय प्रत्यागतः सुमन्त्रः वृत्तान्तं सकलं दशरथाय न्यवेदयत्। पुत्रवियोगेन नितरां खिन्नः दशरथः तदाकर्ण्य राम राम इति विलपन् देहं त्यक्त्वा दिवं गतः।।

Vocabulary

Abbreviations used

Besides those given earlier:

d. - dative case

i.m.- imperative mood

सूर्यवंशजः (m.n.s.) one who is born in the Surya dynasty	दशरथः (m.n.s.) Dasaratha
दशरथभार्याः (f.n.p.) wives of Dasaratha	पार्थिवः (m.n.s.) king
कौसल्या (f.n.s.) Kausalya	तिस्रः (f.n.p.) three
सुमित्रा (f.n.s.) Sumitra	कैकेयी (f.n.s.) Kaikeyi
लब्ध्वा (i.) having got	दयिताः (f.a.p.) wives
अवाप्तवान् (m.n.s.) got/achieved	सन्ततिं (f.a.s.) progeny
सारथिः (m.n.s.) charioteer	खिन्नम् (m.a.s.) worried
उपादिशत् (p.i.t.p.s.) advised	सुमन्त्रः (m.n.s.) Sumantra
पुत्रकामेष्टिं (f.a.s.) the sacrifice named Putrakamesti	सुतलाभाय (i.) to get a progeny
भूपतिः (m.n.s.) king	कर्तुम् (i.) to do/perform
गच्छ (i.m.s.p.s.) you go	करिष्यामि (s.f.f.p.s.) I will perform/do
मुनिः (m.a.s.) sage	ऋश्यशृङ्गं (m.a.s.) Rishyashringa
यागाय (m.d.s.) for the sacrifice	आनय (i.m.s.p.s.) you bring
भवान् (m.n.s.) you/sir	भवतु (i.m.f.p.s.) let it be so
इदानीम् (i.) now	स्वस्थः (m.n.s.) one who is, in his natural state/without worry
अभणत् (p.i.t.p.s.) said/told/ spoke	गमिष्यामि (s.f.f.p.s.) I will go
पुरोहितैः (m.in.p.) by the priests	राजा (m.n.s.) king
अथ (i.) thereafter	अकरोत् (p.i.t.p.s.) did/performed

पात्रम् (n.a.s.) vessel	सपायसं (n.a.s.) with Payasa (prepared with milk, sugar and rice)
यागाग्न्युत्थितः (m.n.s.) ascended from the sacrificial fire	आदाय (i.) having taken/held
पायसभक्षणेन (n.in.s.) by eating Payasa	पुरुषः (m.n.s.) man
प्रत्यजानात् (p.i.t.p.s.) promised	पुत्रोत्पत्तिं (f.a.s.) birth of child
पार्थिवं (m.a.s.) to the king	पत्नीभ्यः (f.d.p.) to the wives
उत्साहेन (m.in.s.) with interest	अतीव (i.) very much
गृहीत्वा (i.) having taken/ accepted	पायसं (n.a.s.) Payasa
ताभ्यः (f.d.p.) to them	आहूय (i.) having called/ addressed
भार्याः (f.n.p.) wives	अदात् (p.i.t.p.s.) gave
गर्भवत्यः (f.n.p.) pregnant	
यथाकालं (i.) at appropriate time	अभवन् (p.i.t.p.p.) became
अजनयन् (p.i.t.p.p.) gave birth to	पुत्रान् (m.a.p.) sons
तनयं (m.a.s.) son	रामचन्द्रं (m.a.s.) Rama
भरतं (m.a.s.) Bharata	तथा (i.) thus
पुत्रौ (m.a.d.) two sons	द्वौ (m.a.d.) two
पुत्रलाभेन (m.in.s.) on account of getting sons	लक्ष्मणशत्रुघ्नौ (m.a.d.) Lakshmana and Satrughna
सन्तुष्टः (m.n.s.) happy	अतीव(i.) very much
उपहारादिकं (n.a.s.) presents etc.	सर्वेभ्यः (m.d.p.) to all
ब्राह्मणैः (m.in.p.) with brahmanas	प्रायच्छत् (p.i.t.p.p.) gave/sent
अकारयत् (p.i.t.p.p.) made/ caused to do/perform	जातकर्मादिकं (n.a.s.) jatakarma ceremony etc.
दशरथसुताः (m.n.p.) sons of Dasaratha	चत्वारः (m.n.p.) four
स्नेहेन (m.in.s.) with love	अन्योन्यं (i.) each other

उपगताः (m.n.p.) those who have attained	वृद्धिम् (f.a.s.) growth
कदाचित् (i.) once	युवानः (m.n.p.) youths/young men
विश्वामित्रः (m.n.s.) Viswamitra	महामुनिः (m.n.s.) the great sage
स्वीययागरक्षायै (f.d.s.) to protect/guard one's own sacrifice	अभ्यगच्छत् (p.i.t.p.s.) visited
आत्मना (m.in.s.) with/by oneself	रामचन्द्रं (m.a.s.) Rama
अभ्यर्थयति स्म requested	प्रेषयितुं (i.) to send
महता (m.in.s.) with great	नृपतिः (m.n.s.) king
वसिष्ठवचनेन (n.in.s.) on the advice of Vasishtha	प्रयासेन (m.in.s.) with difficulty
समन्वितं (m.a.s.) accompanied by	लक्ष्मणेन (m.in.s.) with Lakshmana
रामलक्ष्मणौ (m.a.d.) Rama and Lakshmana	प्रेषितवान् (m.n.s.) one who has sent
प्रति (i.) to/about	स्वाश्रमं (m./n.a.s.) to one's own Ashram/hermitage
मारीचमातरं (f.a.s) mother of Maricha	विश्वामित्राज्ञया (f.in.s) on the order of Viswamitra
ताटकां (f.a.s.) Thadaka	राक्षसीं (f.a.s) demoness
यागविघातकं (m.a.s.) one who causes damage to the sacrifice	अवधीत् (p.i.t.p.s.) killed
अस्त्रैः (n.in.p.) with arrows	मारीचं (m.a.s.) Maricha
मिथिलाधिपः (m.n.s.) lord of Mithila	अपीडयत् (p.i.t.p.s.) tortured
जनकः (m.n.s.) Janaka	पार्थिवः (m.n.s.) king
परिणयति स्म married	जनकसुता (f.n.s.) daughter of Janaka
रामाय (m.d.s.) to Rama	ज्येष्ठपुत्राय (m.d.s.) to the eldest son
दातुं (i.) to give	यौवराज्यं (n.a.s.) the position of crown-prince/Crown princeship

रामाभिषेकाय (m.d.s.) for the consecration/coronation of Rama	ऐच्छत् (p.i.t.p.s.) wished/desired
मन्थरा (f.n.s.) Manthara	अनिर्णयत् (p.i.t.p.s.) decided
उषिता (f.n.s.) one who lived	कैकेय्या (f.in.s.) with Kaikeyi
असूयति स्म took envy of	दासी (f.n.s.) maid/ servant
भवती (f.n.s.) you/madam	दुह्यति स्म cheated/commited treachery
पृच्छतु (i.m.f.p.s.) let her/him ask	गच्छतु (i.m.f.p.s.) let her/him go
पूर्वं (i.) earlier	वरद्वयं (n.a.s.) two boons
प्रतिज्ञातं (n.a.s.) promised	तुभ्यं (s.p.d.s.) to you
तस्यै (f.d.s.) to her	सत्यम् (n.n.s.) true/truth
स्वतनयाय (m.d.s.) to one's own son	प्रतिज्ञातवान् (m.n.s.) one who has promised
युवराजपदं (n.a.s.) the position of crown- prince/crown princeship	भरताय (m.d.s.) to/for the sake of Bharata
प्रेषयितुं (i.) to send	वनवासाय (m.d.s.) for living in the forest
गत्यन्तराभावेन (m.in.s.) there being no other way	अभ्यर्थयति स्म requested
वासाय (m.d.s.) for dwelling/ living/life	चतुर्दशवर्षदीर्घाय (m.d.s.) that which lasts for fourteen years
रामादीन् (m.a.p.) Rama etc	अगच्छन् (p.i.t.p.p.) went
प्रत्यागतः (m.n.s.) one who has returned	विहाय (i.) having left/ abandoned
सकलं (m.a.s.) whole/all	वृत्तान्तं (m.a.s.) news/story
न्यवेदयत् (p.i.t.p.s.) informed/ acknowledged	दशरथाय (m.d.s.) to Dasaratha
नितरां (i.) much/too much/ extremely	पुत्रवियोगेन (m.in.s.) by the separation of the son
आकर्ण्य (i.) having heard	खिन्नः (m.n.s.) one who is worried/fatigued/ exhausted

विलपन् (m.n.s.) one who is lamenting/crying	राम (m.v.s.) Oh Rama
त्यक्त्वा (i.) having left/ abandoned	देहं (m.a.s.) body
गतः (m.n.s.) one who has gone	दिवं (f.a.s.) to the heaven

Notes on the Vocabulary

सपायसं पात्रम् - a vessel with payasa in it

अतीवोत्साहेन - with very much interest

जातकर्मादिक (n.a.s.) jatakarma ceremony etc. Jatakarma is a ceremony which is performed on the birth of a child.

चत्वारः अपि - all the four

आत्मना साकं - with / along with oneself

वसिष्ठवचनेन on the advice of/as advised by Vasishtha

विश्वामित्रेण सह - with/along with Viswamitra

स्वाश्रमं प्रति to one's own Ashram/hermitage

विश्वामित्रः स्वाश्रमं प्रति अगच्छत् Viswamitra went to his own Ashram/ hermitage.

ज्येष्ठपुत्राय - to the eldest son. ज्येष्ठ is superlative degree used in all the three genders - ज्येष्ठः

(masculine), ज्येष्ठा (feminine), ज्येष्ठम् (neuter). ज्यायान् (masculine), ज्यायसी (feminine), ज्यायः (neuter) are comparative degree. The word has no direct positive form. प्रशस्थ or वृद्ध is considered to be its positive.

रामाय दातुम् - to give to Rama

दासी रामाय असूयति स्म - the maid servant took envy of Rama.

दासी रामाय द्रुह्यति स्म - the maid servant cheated/commited treachery towards Rama.

दशरथाय न्यवेदयत् - informed Dasaratha.

Grammar

1. Combination (सन्धि:)

इति + अवदत् - इत् य् अवदत् = इत्यवदत्

कैकेयी + अजनयत् - कैकेय् य् अजनयत् = कैक्ययजनयत्

Rule (7) - when इ or ई is followed by a vowel other than इ or ई, इ or ई will become य्

2. Declension

Dative case generally denotes the person/thing to whom/ which something is given, some action is directed etc. In the use of certain verbs dative is binding.

दशरथः भार्याभ्यः पायसम् अदात् - Dasaratha gave payasa to his wives.

दासी रामाय असूयति स्म - The maid servant took envy of Rama.

दासी रामाय द्रुह्यति स्म - The maid servant cheated/commited treachery towards Rama.

सुमन्त्रः दशरथाय न्यवेदयत Sumantra informed Dasaratha.

Dative case - singular, dual and plural (चतुर्थीविभक्तिः - एकवचनम् द्विवचनम्, बहुवचनम् च)

Gender Dative - singular, dual, plural Ending

a)

रामाय, रामाभ्यां, रामेभ्यः

- आय, - आभ्यां, - एभ्यः

Masculine

पत्यै, पतिभ्यां, पतिभ्यः

- ऐ - इभ्यां - इभ्यः

साधवे, साधुभ्यां, साधुभ्यः

- अवे - उभ्यां - उभ्यः

तस्मै, ताभ्यां तेभ्यः

- ऐ - आभ्यां - एभ्यः

एतस्मै, एताभ्यां एतेभ्यः

- ऐ - आभ्यां - एभ्यः

सीतायै, सीताभ्यां सीताभ्यः

- यै - आभ्यां - आभ्यः

Feminine

पत्न्यै, पत्नीभ्यां, पत्नीभ्यः

- ऐ - ईभ्यां - ईभ्यः

तस्यै, ताभ्यां, ताभ्यः

- यै - आभ्यां - आभ्यः

एतस्यै, एताभ्यां एताभ्यः

- यै – आभ्यां - आभ्यः

Neuter

फलाय, फलाभ्यां, फलेभ्यः

- आय, - आभ्यां, - एभ्यः

तस्मै, ताभ्यां तेभ्यः

- ऐ, आभ्यां, एभ्यः

एतस्मै, एताभ्यां, एतेभ्यः

- ऐ, आभ्यां, एभ्यः

b) त्वं, अहम्

त्वं तुभ्यं/ते, युवाभ्यां /वां, युष्मभ्यं/वः

..भ्यं/..ए, ..आभ्यां/..आं, ..भ्यं/अः

अहं - मह्यं/मे, आवाभ्यां/नौ, अस्मभ्यं/नः

..ह्यं/.....ए, ..आभ्यां/..औ, ..भ्यं/..अः

3. Conjugation

लोट् (imperative mood)

भ्वादि (class 1 type) - भूघातुः (root भू) meaning सत्ता (to be, become). लोट् (imperative mood)

Person	Number		
	एकवचनं	द्विवचनं	बहुवचनं
प्रथमपुरुषः	भवतु	भवतां	भवन्तु
	भवतात्		
मध्यमपुरुषः	भव	भवतं	भवत
	भवतात्		
उत्तमपुरुषः	भवानि	भवाव	भवाम

Note that there are two forms in the third person and second person singular.

Note the ending:

Person	Number		
	एकवचनं	द्विवचनं	बहुवचनं
प्रथमपुरुषः	..तु	..तां	..न्तु
..तात्			
मध्यमपुरुषः	..अ	..तं	..त
..तत्			
उत्तमपुरुषः	..आनि	..आव	..आम

EXERCISES

1. Sort out the nouns, verbs and indeclinables:

दशरथः, सूर्यवंशजः पार्थिवः, दशरथभार्याः, तिस्रः, कौसल्या, कैकेयी, सुमित्रा, सर्वाः, दयिताः सन्ततिं, अवासवान्, खिन्नम्, सारथिः, सुमन्त्रः, तम्, उपादिशत्, सुतलाभाय, पुत्रकामेष्टिं, कर्तुम्, सुमन्त्रवचनेन, भूपतिः, ऋश्यशृङ्गं, मुनिं, यागाय, आनय, पुरोहितैः, राजा, सपायसं, पात्रम्, आदाय, यागाग्न्युत्थितः पुरुषः, पायसभक्षणेन, पुत्रोत्पत्तिं, प्रत्यजानात्, पत्नीभ्यः, दातुं, अतीव, उत्साहेन, गृहीत्वा, पत्नीः, आहूय, ताभ्यः, तत्, अदात्, गर्भवत्यः, यथाकालं, पुत्रान्, अजनयन्, रामचन्द्रं, तनयम्, अजनयत्, तथा, भरतं, पुत्रौ, लक्ष्मणशत्रुघ्नौ, पुत्रलाभेन, सन्तुष्टः, सर्वेभ्यः, उपहारादिकम्,

प्रायच्छत्, ब्राह्मणैः, जातकर्मादिकम्, अकारयत्, चत्वारः, दशरथसुताः, अन्योन्यं, स्नेहेन, वृद्धिम्, उपगताः, युवानः, कदाचित्, महामुनिः, विश्वामित्रः, अभ्यगच्छत्, स्वीययागरक्षायै, आत्मना, प्रेषयितुं, नृपतिः, महता, प्रयासेन, वसिष्ठवचनेन, लक्ष्मणेन, समन्वितं, विश्वामित्रेण, प्रेषितवान्, स्वाश्रमं प्रति, विश्वामित्राज्ञया, मारीचमातरं, राक्षसीं, ताटकाम्, अवधीत्, यागविघातकं, मारीचं, अस्त्रैः, मिथिलाधिपः, जनकः, जनकसुता, सीता, परिणयति, ज्येष्ठपुत्राय, रामाय, यौवराज्यं, दातुम्, मन्थरा, उषिता, दासी, असूयति, दुह्यति, गच्छतु, पृच्छतु, वरद्वयं, तुभ्यम्, पूर्वं, तस्यै, स्वतनयाय, भरताय, युवराजपदं, वनवासाय, प्रेषयितुम्, गत्यन्तराभावेन, चतुर्दशवर्षदीर्घाय, वासाय, रामादीन्, विहाय, वृत्तान्तम्, सकलम्, नितरां, खिन्नः, आकर्ण्य, विलपन्, देहम्, त्यक्त्वा, दिवम्, गतः।

2. **Write the dative case - singular, dual and plural (चतुर्थीविभक्तिः एकवचनम् द्विवचनम् बहुवचनम् च) of the nominative case - singular given.**

a) Model:

नारदः --- नारदाय - नारदाभ्यां - नारदेभ्यः।

रामः, रावणः, रावणानुजः, प्रीतः, आश्रितवत्सलः, वरः, उत्सुकः, प्रत्यक्षः, अनुजः, इष्टः, मानुषभिन्नः, कः, कुम्भकर्णः, अपरः, विभीषणः, विष्णुभक्तः, कुबेरः, युद्धः, राक्षसः, दशाननः, लोकः, सर्वः, याज्ञिकः, द्विजः, मेघनादः, आत्मजः, अन्वितः, देवेन्द्रः, किंकरः, असहमानः, देवः, सुरः, विविधः, स्तवः, प्रसन्नः, पितामहः, आगतः, अजः, हृषीकेशः, सुरः, मार्तण्डः, सुग्रीवः, मारुतः, पद्मजः, विबुधः, गीर्वाणः, जातः, अखिलः, वानरः, समेतः, पार्थिवः।

b) Model:

सीता --- सीतायै - सीताभ्यां - सीताभ्यः।

निद्रा, स्वेच्छा, मयसुता, दशाननपीडा, कौसल्या, सुमित्रा, दयिता भार्या।

c) Model:

वनं --- वनाय - वनाभ्यां - वनेभ्यः।

तीव्रं, अवध्यत्वं, पुष्पकविमानं, वैदिकं, यागादिकं तदीयतरुरत्नं, रावणचेष्टितम्, सङ्कटम्, दुग्धोदधितटं, स्तोत्रम्, भयं, साहाय्यं सर्वम्, वानरराज्यम्, यौवराज्यम्, सत्यम्।

d) Model:

कविः --- कवये - कविभ्यां - कविभ्यः।

आत्मयोनिः, दाशरथिः, कपिः, पद्मयोनिः, भूपतिः, महामुनिः, नृपतिः

e) Model:

गुरुः --- गुरवे - गुरुभ्यां - गुरुभ्यः।

निद्रालुः, रावणसूनुः, विष्णुः प्रभुः।

f) Model:

पत्नी --- पत्न्यै, पत्नीभ्यां, पत्नीभ्यः।

लङ्कापुरी, मन्दोदरी, विलासिनी, कैकेयी, दासी।

3. **Memorise:**

Rule (7) - when इ or ई, is followed by a vowel other than इ or ई, इ or ई will become य्

4. **Some roots and their third person singular form of लट् (present tense) are given below. ± Write the conjugational forms in all the persons and numbers of लोट् (imperative mood).**

Model: भू to be, become भवति (p.t.t.p.n.s.) लोट् (imperative mood)

Person	Number		
	एकवचनं	द्विवचनं	बहुवचनं
प्रथमपुरुषः	भवतु	भवतां	भवन्तु
	भवतात्		
मध्यमपुरुषः	भव	भवतं	भवत
	भवतात्		
उत्तमपुरुषः	भवानि	भवाव	भवाम

खाद् - खादति, गद - गदति, शुच - शोचति, वाञ्छि - वाञ्छति, कूज - कूजति, गर्ज - गर्जति, तर्ज - तर्जति, मुडि - मुण्डति, क्रीड् - क्रीडति, भण - भणति,

गम् - गच्छति, चर - चरति, जि - जयति, तप - तपति, हस् - हसति, पच् - पचति, यज् - यजति, लस् - लसति, वद् - वदति, वस् - वसति, रक्ष्- रक्षति, प्रच्छ् - पृच्छति, पिब् - पिबति, यच्छ् - यच्छति।

5. **Match the following:**

a	b
त्वं	ज्येष्ठानुजौ
वयं	भव
रामलक्ष्मणौ	भवाम
युवां	भवन्तु
राक्षसाः	भवत
आवां	भवतु
विष्णुः	ददाति
अहं	भवतम्
यूयं	भवानि
देवाय	भवाव

6. **Identify the ending, gender, case and number of the following:**

Model:

उपमन्युम् - उ ending, masculine, accusative, singular (उकारान्तः पुंलिङ्गः द्वितीया एकवचनम्)

पार्थिवम्, सर्वाः, सन्तर्ति, खिन्नम्, सुतलाभाय, पुत्रकामेष्टिं, सुमन्त्रवचनेन, मुनिं, यागाय, पुरोहितः, पात्रम्, पायसभक्षणेन, पत्नीभ्यः, उत्साहेन, पत्नीः, गर्भवत्यः, पुत्रान्, तनयम्, पुत्रौ, सर्वेभ्यः, ब्राह्मणैः, यागरक्षायै, प्रयासेन, विश्वामित्रेण, विश्वामित्राज्ञया, राक्षसीं, ताटकाम्, अस्त्रैः, जनकः, सीता, पुत्राय, रामाय, भरताय, वनवासाय, वृत्तान्तम्, देहम्।

7. **Combine the following:**

Model:

इति + अवदत् - इत् य् अवदत् = इत्यवदत्

कैकेयी + अजनयत् - कैकेय् य् अजनयत् = कैकेय्यजनयत्

i) कैकेयी + अवदत्

ii) इति + अपि

iii) अपि + एवम्

iv) करिष्यामि + आनय

v) गर्भवती + अभवत्

vi) अपि + अन्योन्यम्

vii) भवती + आगच्छतु

viii) भवति + एव

ix) गतानि + अपि

x) सन्ति + उत्सुकाः

8. **Identify the tense or mood, person and number of the following:**

Model:

भवतात् - imperative mood, third person, singular (लोट् प्रथमपुरुषः एकवचनम्)

वदतु, रक्षत, भवन्तु, अभवत्, भविष्यामः, अपृच्छत्, कल्पयसि, भवाम, कल्पयामि, गच्छ, भविष्यथ, भवत, पिबतात्, भवतं, अचिन्तयत्, भविष्यावः, पिब, पिबन्ति, उद्दिरन्ति, भवानि, अर्हसि, अभक्षयत्, भविष्यसि, गच्छतां, भविष्यन्ति, अपृच्छन्, अभवम्, अयच्छताम्, भवाव।

9. **Make ten Sanskrit sentences of your own using the words you learned so far.**

Model:

दशरथः पायसं भार्याभ्यः अदात्।

10. **a) Read aloud and write:**

- अये वाल्मीकये इकारान्तः पुंलिङ्गः चतुर्थी एकवचनम्।

- इभ्यां वाल्मीकिभ्यां इकारान्तः पुंलिङ्गः चतुर्थी द्विवचनम्।

- इभ्यः वाल्मीकिभ्यः इकारान्तः पुंलिङ्गः चतुर्थी बहुवचनम्।

- आय नारदाय अकारान्तः पुंलिङ्गः चतुर्थी एकवचनम्।

- आभ्यां नारदाभ्यां अकारान्तः पुंलिङ्गः चतुर्थी द्विवचनम्।

- एभ्यः नारदेभ्यः अकारान्तः पुंलिङ्गः चतुर्थी बहुवचनम्।

- अये महर्षये इकारान्तः पुंलिङ्गः चतुर्थी एकवचनम्।

- इभ्यां महर्षिभ्यां इकारान्तः पुंलिङ्गः चतुर्थी द्विवचनम्।

- इभ्यः महर्षिभ्यः इकारान्तः पुंलिङ्गः चतुर्थी बहुवचनम्।

- आय धर्मज्ञाय अकारान्तः पुंलिङ्गः चतुर्थी एकवचनम्।

- आभ्यां धर्मज्ञाभ्यां अकारान्तः पुंलिङ्गः चतुर्थी द्विवचनम्।

- एभ्यः धर्मज्ञेभ्यः अकारान्तः पुंलिङ्गः चतुर्थी बहुवचनम्।

- आय नराय अकारान्तः पुंलिङ्गः चतुर्थी एकवचनम्।

- आभ्यां नराभ्यां अकारान्तः पुंलिङ्गः चतुर्थी द्विवचनम्।

- एभ्यः नरेभ्यः अकारान्तः पुंलिङ्गः चतुर्थी बहुवचनम्।

- अवे महाबाहवे अकारान्तः पुंलिङ्गः चतुर्थी एकवचनम्।

- उभ्यां महाबाहुभ्यां उकारान्तः पुंलिङ्गः चतुर्थी द्विवचनम्।

- उभ्यः महाबाहुभ्यः उकारान्तः पुंलिङ्गः चतुर्थी बहुवचनम्।

- अवे आजानुबाहवे उकारान्तः पुंलिङ्गः चतुर्थी एकवचनम्।

- उभ्यां आजानुबाहुभ्यां उकारान्तः पुंलिङ्गः चतुर्थी द्विवचनम्।

- उभ्यः आजानुबाहुभ्यः उकारान्तः पुंलिङ्गः चतुर्थी बहुवचनम्।

- अये शुचये इकारान्तः पुंलिङ्गः चतुर्थी एकवचनम्।

- इभ्यां शुचिभ्यां इकारान्तः पुंलिङ्गः चतुर्थी द्विवचनम्।

- इभ्यः शुचिभ्यः इकारान्तः पुंलिङ्गः चतुर्थी बहुवचनम्।

- अवे साधवे उकारान्तः पुंलिङ्गः चतुर्थी एकवचनम्।

- उभ्यां साधुभ्यां उकारान्तः पुंलिङ्गः चतुर्थी द्विवचनम्।

- उभ्यः साधुभ्यः उकारान्तः पुंलिङ्गः चतुर्थी बहुवचनम्।

b) Read aloud and write:

- तु भवतु भू धातुः लोट् प्रथमपुरुषः एकवचनम्।

- आत् भवतात् भू धातुः लोट् प्रथमपुरुषः एकवचनम्।

- तां भवतां भू धातुः लोट् प्रथमपुरुषः द्विवचनम्।

- न्तु भवन्तु भू धातुः लोट् प्रथमपुरुषः बहुवचनम्।

- अ भव भू धातुः लोट् मध्यमपुरुषः एकवचनम्।

- आत् भवतात् भू धातुः लोट् मध्यमपुरुषः एकवचनम्।

- तं भवतं भू धातुः लोट् मध्यमपुरुषः द्विवचनम्।

- त भवत भू धातुः लोट् मध्यमपुरुषः बहुवचनम्।

- आनि भवानि भू धातुः लाट् उत्तमपुरुषः एकवचनम्।

- आव भवाव भू धातुः लोट् उत्तमपुरुषः द्विवचनम्।

- आम भवाम भू धातुः लोट् उत्तमपुरुषः बहुवचनम्।

- तु वदतु वद धातुः लोट् प्रथमपुरुषः एकवचनम्।

- आत् वदतात् वद धातुः लोट् प्रथमपुरुषः एकवचनम्।

- तां वदतां वद धातुः लोट् प्रथमपुरुषः द्विवचनम्।

- न्तु वदन्तु वद धातुः लोट् प्रथमपुरुषः बहुवचनम्।

- अ वद वद धातुः लोट मध्यमपुरुषः एकवचनम्।

- आत् वदतात् वद धातुः लोट् मध्यमपुरुषः एकवचनम्।

- तं वदतं वद धातुः लोट् मध्यमपुरुषः द्विवचनम्।

- त वदत वद धातुः लोट् मध्यमपुरुषः बहुवचनम्।

- आनि वदानि वद धातुः लोट् उत्तमपुरुषः एकवचनम्।

- आव वदाव वद धातुः लोट् उत्तमपुरुषः द्विवचनम्।

- आम वदाम वद धातुः लोट् उत्तमपुरुषः बहुवचनम्।

- तु हसतु हस् धातुः लोट् प्रथमपुरुषः एकवचनम्।

- आत् हसतात् हस् धातुः लोट् प्रथमपुरुषः एकवचनम्।

- तां हसतां हस् धातुः लोट् प्रथमपुरुषः द्विवचनम्।

- न्तु हसन्तु हस् धातुः लोट् प्रथमपुरुषः बहुवचनम्।

- अ हस हस् धातुः लोट् मध्यमपुरुषः एकवचनम्।

- आत् हसतात् हस् धातुः लोट् मध्यमपुरुषः एकवचनम्।

- तं हसतं हस् धातुः लोट् मध्यमपुरुषः द्विवचनम्।

- त हसत हस् धातुः लोट् मध्यमपुरुषः बहुवचनम्।

- आनि हसानि हस् धातुः लोट् उत्तमपुरुषः एकवचनम्।

- आव हसाव हस् धातुः लाट् उत्तमपुरुषः द्विवचनम्।

- आम हसाम हस् धातुः लोट् उत्तमपुरुषः बहुवचनम्।

- तु खादतु खाद धातुः लोट् प्रथमपुरुषः एकवचनम्।

- आत् खादतात् खाद धातुः लोट् प्रथमपुरुषः एकवचनम्।

- तां खादतां खाद धातुः लोट् प्रथमपुरुषः द्विवचनम्।

- न्तु खादन्तु खाद धातुः लोट् प्रथमपुरुषः बहुवचनम्।

- अ खाद खाद धातुः लोट मध्यमपुरुषः एकवचनम्।

- आत् खादतात् खाद धातुः लोट् मध्यमपुरुषः एकवचनम्।

- तं खादतं खाद धातुः लोट् मध्यमपुरुषः द्विवचनम्।

- त खादत खाद धातुः लोट् मध्यमपुरुषः बहुवचनम्।

- आनि खादानि खाद धातुः लोट् उत्तमपुरुषः एकवचनम्।

- आव खादाव खाद धातुः लोट् उत्तमपुरुषः द्विवचनम्।

- आम खादाम खाद धातुः लोट् उत्तमपुरुषः बहुवचनम्।

- तु गदतु गद धातुः लोट् प्रथमपुरुषः एकवचनम्।

- आत् गदतात् गद धातुः लोट् प्रथमपुरुषः एकवचनम।

- तां गदतां गदधातुः लोट् प्रथमपुरुषः द्विवचनम्।

- न्तु गदन्तु गद धातुः लोट् प्रथमपुरुषः बहुवचनम्।

- अ गद गद धातुः लोट् मध्यमपुरुषः एकवचनम्।

- आत् गदतात् गद धातुः लोट् मध्यमपुरुषः एकवचनम्।

- तं गदतं गद धातुः लोट् मध्यमपुरुषः द्विवचनम्।

- त गदत गद धातुः लोट् मध्यमपुरुषः बहुवचनम्।

- आनि गदानि गद धातुः लोट् उत्तमपुरुषः एकवचनम्।

- आव गदाव गद धातुः लोट् उत्तमपुरुषः द्विवचनम्।

- आम गदाम गद धातुः लोट् उत्तमपुरुषः बहुवचनम्।

- तु शोचतु शुच धातुः लोट् प्रथमपुरुष: एकवचनम्।

- तात् शोचतात् शुच धातुः लोट् प्रथमपुरुषः द्विवचनम्।

- तां शोचतां शुच धातुः लोट् प्रथमपुरुषःएकवचनम्।

- न्तु शोचन्तु शुच धातुः लोट् प्रथमपुरुषः बहुवचनम्।

- अ शोच शुच धातुः लोट् मध्यमपुरुषःएकवचनम्।

- आत् शोचतात् शुच धातुः लोट् मध्यमपुरुषः एकवचनम्।

- तं शोचतं शुच धातुः लोट् मध्यमपुरुषः द्विवचनम्।

- त शोचत शुच धातुः लोट् मध्यमपुरुषः बहुवचनम्।

- आनि शोचानि शुच धातुः लोट् उत्तमपुरुषः एकवचनम्।

- आव शोचाव शुच धातुः लोट् उत्तमपुरुष: द्विवचनम्।

- आम शोचाम शुच धातुः लोट् उत्तमपुरुषः बहुवचनम्।

- तु वाञ्छतु वाञ्छि धातुः लोट् प्रथमपुरुषः एकवचनम्।

- तात् वाञ्छतात् वाञ्छि धातुः लोट प्रथमपुरुषः एकवचनम्।

- तां वाञ्छतां वाञ्छि धातुः लोट् प्रथमपुरुषः द्विवचनम्।

- न्तु वाञ्छन्तु वाञ्छि धातुः लोट् प्रथमपुरुष: बहुवचनम्।

- अ वाञ्छ वाञ्छि धातुः लोट् मध्यमपुरुषः एकवचनम्।

- आत् वाञ्छतात् वाञ्छि धातुः लोट् मध्यमपुरुषः एकवचनम्।

- तं वाञ्छतं वाञ्छि धातुः लोट् मध्यमपुरुषः द्विवचनम्।

- त वाञ्छत वाञ्छि धातुः लोट् मध्यमपुरुषः बहुवचनम्।

- आनि वाञ्छानि वाञ्छि धातुः लोट् उत्तमपुरुषः एकवचनम्।

- आव वाञ्छाव वाञ्छि धातुः लोट् उत्तमपुरुषः द्विवचनम्।

- आम वाञ्छाम वाञ्छि धातुः लोट् उत्तमपुरुषः बहुवचनम्।

- तु कूजतु कूज धातुः लोट् प्रथमपुरुषः एकवचनम्।

- तात् कूजतात् कूज धातुः लोट् प्रथमपुरुष: एकवचनम्।

- तां कूजतां कूज धातुः लोट् प्रथमपुरुषः द्विवचनम्।

- तु कूजन्तु कूज धातुः लोट् प्रथमपुरुष: बहुवचनम्।

- अ कूज कूज धातुः लोट् मध्यमपुरुषः एकवचनम्।

- आत् कूजतात् कूज धातुः लोट् मध्यमपुरुषः एकवचनम्।

- तं कूजतं कूज धातुः लोट् मध्यमपुरुषः द्विवचनम्।

- त कूजत कूज धातुः लोट् मध्यमपुरुष: बहुवचनम्।

- आनि कूजानि कूज धातुः लोट् उत्तमपुरुषः एकवचनम्।

- आव कूजाव कूज धातुः लोट् उत्तमपुरुष: द्विवचनम्।

- आम कूजाम कूज धातुः लोट् उत्तमपुरुषःबहुवचनम्।

भगवद्गीतायाः श्लोकाष्टकम्

भगवद्गीता महाभारतस्था भवति। महाभारतकर्ता व्यासः किल। अतः गीताकर्ता च व्यासः एव। गीता अर्जुनाय श्रीकृष्णोपदेशरूपा। पुरा कौरवपाण्डवयुद्धः समभवत्। तत्र कौरवैः सह युद्धं कर्तुमागतौ पाण्डवपक्षस्थौ कृष्णार्जुनौ। पार्थः योद्धा। पार्थसारथिः कृष्णः। स्वजनान् दृष्ट्वा अर्जुनः विषण्णः अभवत्। परया कृपयाविष्टः सः अचिन्तयत्। के के अत्रोपस्थिताः? आचार्याः, पितामहाः, मातुलाः, श्वशुराः, श्यालाः, पितरः, पुत्राः, पौत्राः, सम्बन्धिनः च सन्ति। किं भवेत् युद्धेन? एते हताः भवेयुः। एतान् हन्तुमहं नेच्छामि। गुरून् अहत्वा मरणमपि क्षेमतरं भवेत्। यदि वयं तान् जयेम, यदि वा ते अस्मान् जयेयुः? एतदपि न जानामि। हे कृष्ण, किं कर्तव्यमिति भवान् वदतु। श्रीकृष्णः अर्जुनं प्रति यदवदत् तत् भवति भगवद्गीता। उक्तिरस्ति -

गीता सुगीता कर्तव्या

किमन्यैः शास्त्रविस्तरैः? इति।।

पौराणिकभारतीयशास्त्राणि बहूनि सन्ति। तादृशशास्त्रसारं भवति गीता इति यावत्।।

अथ द्वितीयाध्यायात् श्लोकाष्टकम् -

१. वासांसि जीर्णानि यथा विहाय

नवानि गृह्णाति नरोऽपराणि।

तथा शरीराणि विहाय जीर्णा-

न्यन्यानि संयाति नवानि देही।।

Separate words (पदच्छेदः) and Word order

(अन्वयः) - यथा नरः जीर्णानि वासांसि विहाय अपराणि नवानि गृह्णाति तथा देही जीर्णानि शरीराणि विहाय अन्यानि नवानि संयाति।

२. नैनं छिन्दन्ति शस्त्राणि

नैनं दहति पावकः।

नचैनं क्लेदयन्त्यापः

न शोषयति मारुतः।।

Separate words (पदच्छेदः) and Word order

(अन्वयः) - एनं शस्त्राणि न छिन्दन्ति, एनं

पावकः न दहति एनम् आपः न क्लेदयन्ति,

३. मारुतः न शोषयति च।

अच्छेद्योऽयमदाह्योऽयम्

अक्लेद्योऽशोष्य एव च।

नित्यः सर्वगतः स्थाणुः

अचलोऽयं सनातनः।।

Separate words (पदच्छेदः) and Word order

(अन्वयः) - अयम् अच्छेद्यः, अयम् अदाह्यः, अयम् अक्लेद्यः अशोष्यः च एव। अयम् नित्यः सर्वगतः स्थाणुः अचलः सनातनः।

४. अव्यक्तोऽयमचिन्त्योऽयम्

अविकार्योऽयमेव च।

तस्मादेवं विदित्वैनम्

नानुशोचितुमर्हसि।।

Separate words (पदच्छेदः) and Word order

(अन्वयः) - अयम् अव्यक्तः, अयम् अचिन्त्यः, अयम् अविकार्यः च एव। तस्माद् एनम् एवं विदित्वा अनुशोचितुं न अर्हसि।

५. क्रोधाद्भवति सम्मोहः

सम्मोहात् स्मृतिविभ्रमः।

स्मृतिभ्रंशाद् बुद्धिनाशः

बुद्धिनाशात्प्रणश्यति।।

Separate words (पदच्छेदः) and Word order

(अन्वयः) - क्रोधाद्, सम्मोहः भवति, सम्मोहात् स्मृतिविभ्रमः, स्मृतिभ्रंशात् बुद्धिनाशः, बुद्धिनाशात् प्रणश्यति।

६. रागद्वेषवियुक्तैस्तु

विषयानिन्द्रियैश्चरन्।

आत्मवश्यैर्विधेयात्मा

प्रसादमधिगच्छति।।

Separate words (पदच्छेद:) and Word order

(अन्वयः) - विधेयात्मा तु आत्मवश्यैः रागद्वेषवियुक्तैः इन्द्रियैः विषयान् चरन् प्रसादम् अधिगच्छति।

७. आपूर्यमाणमचलप्रतिष्ठम्

समुद्रमापः प्रविशन्ति यद्वत्।

तद्वत् कामा यं प्रविशन्ति सर्वे

स शान्तिमाप्नोति न कामकामी।।

Separate words (पदच्छेद:) and Word order

(अन्वयः) - यद्वत् आपः आपूर्यमाणम् अचलप्रतिष्ठम् समुद्रम् प्रविशन्ति, तद्वत् सर्वे कामाः यं प्रविशन्ति, सः शान्तिम् आप्नोति, कामकामी न।

८. विहाय कामान् यः सर्वान्

पुमांश्चरति निस्स्पृहः।

निर्ममो निरहङ्कारः

स शान्तिमधिगच्छति।।

Separate words (पदच्छेद:) and Word order

(अन्वयः) - यः पुमान् सर्वान् कामान् विहाय, निर्ममः निरहंकारः निस्स्पृहः चरति सः शान्तिम् अधिगच्छति।

Vocabulary

Abbreviations used

besides those given earlier:

ab. - Ablative case (पञ्चमीविभक्ति:)

p.m. - potential mood विधिलिङ्

भगवद्गीता (f.n.s.) Bhagavadgita	भगवद्गीतायाः (f.ab.s.) from the Bhagavadgita
महाभारतकर्ता (m.n.s.) author of the Mahabharatha	महाभारतस्था (f.n.s.) that which is in the Mahabharatha
किल (i.) indeed	व्यासः (m.n.s.) Vyasa
गीताकर्ता (m.n.s.) author of the Gita	अतः (i.) therefore
गीता (f.n.s.) Gita	एव (i.) only
श्रीकृष्णोपदेशरूपा (f.n.s.) in the form of advice given by Srikrishna.	अर्जुनाय (m.d.s.) to Arjuna
कौरवपाण्डवयुद्धः (m.n.s.) war/fight between the Kauravas and the Pandavas	पुरा (i.) once up on a time/in the past
कौरवैः (m.in.p.) with/by the Kauravas	समभवत् (p.i.t.p.s.) took place/ happened
युद्धं (m.a.s.) war/fight	सह (i.) with
आगतौ (m.n.d.) by those who, have come/came	कर्तुम् (i.) to do
कृष्णार्जुनौ (m.n.d.) Krishna and Arjuna	पाण्डवपक्षस्थौ (m.n.d.) those two who belong to the Pandava side
योद्धा (m.n.s.) fighter/soldier	पार्थः (m.n.s.) son of Prtha/ Partha/Arjuna
कृष्णः (m.n.s.) Krishna	पार्थसारथिः (m.n.s.) charioteer of Partha/Arjuna
दृष्ट्वा (i.) having seen	स्वजनान् (m.a.p.) one's own people
विषण्णः (m.n.s.) one who is worried	अर्जुनः (m.n.s.) Arjuna
कृपया (f.in.s.) by pity/ compassion	परया (f.in.s.) by utmost/great/ very much

अचिन्तयत् (p.i.t.p.s.) thought	आविष्टः (m.n.s.) one who is haunted/filled with
उपस्थिताः (m.n.p.) those who have assembled/arrived/come	के (m.n.p.) who
पितामहाः (m.n.p.) grand-uncles	आचार्याः (m.n.p.) teachers
श्वशुराः (m.n.p.) fathers-in-law	मातुलाः (m.n.p.) maternal uncles
पितरः (m.n.p.) father and father's brothers/uncles	श्यालाः (m.n.p.) brothers-in-law
पौत्राः (m.n.p.) grandsons and grand-nephews	पुत्राः (m.n.p.) sons and nephews
च (i.) and	सम्बन्धिनः (m.n.p.) relations
किं (n.n.s.) what	सन्ति (p.t.t.p.p.) there are/are
युद्धेन (m.in.s.) by war/fight	भवेत् (p.m.t.p.s.) would/may happen
हताः (m.n.p.) those who are dead	एते (m.n.p.) these people/these
एतान् (m.a.p.) these people/these	भवेयुः (p.m.t.p.p.) would/may happen
अहं (f.p.n.s.) I	हन्तुं (i.) to kill
इच्छामि (p.t.f.p.s.) I like/wish	न (i.) no/not
अहत्वा (i.) without killing	गुरून् (m.a.p.) teachers
क्षेमतरं (n.n.s.) better/cause of more satisfaction	मरणं (n.n.s.) death
वयं (f.p.n.p.) we	यदि (i.) whether/if
जयेम (p.m.f.p.p.) we would win	तान् (m.a.p.) them
ते (m.n.p.) they	वा (i.) or
जयेयुः (p.m.t.p.p.) they would win	अस्मान् (f.p.a.p.) us
जानामि (p.t.f.p.s.) I know	एतत् (n.n.s.) this
कर्तव्यं (n.n.s.) to be done	हे कृष्ण (m.v.s.) Oh Krishna!
वदतु (i.m.t.p.s.) tell/say	भवन् (m.n.s.) you
अर्जुनं (m.a.s.) to Arjuna	श्रीकृष्णः (m.n.s.) Sri Krishna

यद् (n.n.s.) who/which/what/that	प्रति (i.) to
अस्ति (p.t.t.p.s.) is/there is	उक्तिः (f.n.s.) saying
कर्तव्या (f.n.s.) that which is to be made/done	सुगीता (f.n.s.) that which is to be sung well
अन्यैः (m.in.p.) by others	किं (n.n.s.) what is the use
इति (i) thus/so	शास्त्रविस्तरः (m.in.p.) by the elaboration of sciences (knowledges)
बहूनि (n.n.p.) many	पौराणिकभारतीयशास्त्राणि (n.n.p.) ancient Indian sciences
तादृशशास्त्रसारं (n.n.s.) essence of that kind of sciences	सन्ति (p.t.t.p.p.) are/there are
यावत् (i) now/thereafter	अर्थः (i) meaning
श्लोकाष्टकम् (n.n.s.) eight verses	द्वितीयाध्यायात् (m.ab.s.) from the second chapter

***

Understanding Verse in Sanskrit.

It was stated in the third lesson that the meaning of a word in Sanskrit is not dependent on its position in a sentence and as such, there is no specific word order in Sanskrit. It was also stated that however, in prose it is better to keep the order of subject, object and verb and add qualifiers of each just before. Sanskrit verses are metrical and to keep the correctness of metre, words will be placed without any order. So the first step to understand the meaning of a verse is to separate each word (पदच्छेदः) and set the words of the verse in the proper prose order which is called अन्वय in Sanskrit.

***

यथा (i.) as/so that	नरः (m.n.s.) man/human being
जीर्णानि (n.n.p.) worn- out	वासांसि (n.n.p.) garments/clothes
विहाय (i.) having left/ discarded	अपराणि (n.n.p.) other/other ones
नवानि (n.n.p.) new/new ones	गृह्णाति (p.t.t.p.s.) takes/accepts
तथा (i.) thus/in the same way/manner	देही (m.n.s.) soul
शरीराणि (n.n.p.) bodies	अन्यानि (n.n.p.) other/other ones
संयाति (p.t.t.p.s.) enters	एनं (m.a.s.) this (soul)
शस्त्राणि (n.n.p.) weapons/ arrows	
छिन्दन्ति (p.t.t.p.p.) cut/tear	पावकः (m.n.s.) fire
दहति (p.t.t.p.s.) burns	आपः (f.n.p.) water
क्लेदयन्ति (p.t.t.p.p.) wet	मारुतः (m.n.s.) wind/air
शोषयति (p.t.t.p.s.) dries	अयम् (m.n.s.) this (soul)
अच्छेद्यः (m.n.s.) incapable of being cut	अदाह्यः (m.n.s.) incapable of being burnt
अक्लेद्यः (m.n.s.) incapable of being wet	अशोष्यः (m.n.s.) incapable of being dried
	एव (i.) as well/ofcourse
नित्यः (m.n.s.) permanent	सर्वगतः (m.n.s.) omnipresent
स्थाणुः (m.n.s.) constant/ stagnant	अचलः (m.n.s.) immovable
सनातनः (m.n.s.) eternal	अव्यक्तः (m.n.s.) unmanifest
अचिन्त्यः (m.n.s.) unthinkable	अविकार्यः (m.n.s.) immutable
तस्माद् (m.ab.s.) therefore/ from that/it	एवं (i.) this way/thus/in this manner
विदित्वा (i.) having known/ understood	अनुशोचितुं (i.) to grieve
अर्हसि (p.t.s.p.s.) you deserve/need	क्रोधाद् (m.ab.s.) from anger
सम्मोहः (m.n.s.) infatuation	सम्मोहात् (m.ab.s.) from infatuation

स्मृतिविभ्रमः (m.n.s.) confusion of memory	स्मृतिभ्रंशात् (m.ab.s.) from confusion of memory
बुद्धिनाशः (m.n.s.) loss of intellect/faculty of thinking	बुद्धिनाशात् (m.ab.s.) from loss of intellect/faculty of thinking
प्रणश्यति (p.t.t.p.s.) ruins/ perishes completely	विधेयात्मा (m.n.s.) one who has self-control
तु (i.) but	आत्मवश्यैः (m.in.p.) by those under the control of mind
रागद्वेषवियुक्तैः (m.in.p.) by those which are free from likes and dislikes	इन्द्रियैः (m.in.p.) by/through the senses
विषयान् (m.a.p.) objects/ pleasures	चरन् (m.n.s.) one who enjoys/ perceives
प्रसादम् (m.a.s.) tranquility/ calmness	अधिगच्छति (p.t.t.p.s.) attains/ achieves
यद्वत् (i.) as	आपूर्यमाणम् (m.a.s.) being filled on all sides
अचलप्रतिष्ठम् (m.a.s.) standing firm without shake	समुद्रम् (m.a.s.) ocean/sea
प्रविशन्ति (p.t.t.p.p.) enter	तद्वत् (i.) so
सर्वे (m.n.p.) all	कामाः (m.n.p.) desires
यं (m.a.s.) whom	सः (m.n.s.) he
शान्तिम् (f.a.s.) peace	आप्नोति (p.t.t.p.s.) attains/achieves
कामकामी (m.n.s.) one who hankers after desires	यः (m.n.s.) he who
पुमान् (m.n.s.) man	सर्वान् (m.a.p.) all
कामान् (m.a.p.) desires	निर्ममः (m.n.s.) one who has no feeling of mine
निरहंकारः (m.n.s.) one who has no feeling of I	निस्स्पृहः (m.n.s.) one who has no yearning
चरति (p.t.t.p.s.) moves	शान्तिम् (f.a.s.) peace

Notes on the Vocabulary

श्रीकृष्णोपदेशरूपा in the form of advice given by Srikrishna. The word रूप can be added to words to get the meaning in the form of. आवरणरूपः (m.) that which is in the form of a cover/wrapper. मायारूपा (f.) that which is in the form of illusion. निक्षेपरूपम् (n.) that which is in the form of investment.

के के (m.) who all. The doubling of the word in the sense is common in Sanskrit. Singular also is used - कः कः (m.) whoever. का का (f.) whoever. किं किं (n.) whatever.

पितरः father and father's brothers who are considered uncles in English are meant by the word.

यदि... यदि वा either... or

यदि वयं तान् जयेम, यदि वा ते अस्मान् जयेयुः either we will win them or they will win us.

भवान् वदतु you say/tell. The word भवान् means you, but it is third person. So the verb is used accordingly. Each verb has second person forms and the same have to be learned only for using along with the forms of the single second person noun, namely त्वं, युवां or यूयम्. Therefore, there is a tendency to avoid the second person verb forms by using भवान्, भवन्तौ, भवन्तः instead of त्वं, युवां, यूयम्.

अर्जुनं प्रति to Arjuna. यद्....तत् what/which....that.

श्रीकृष्णः यदवदत् तत् that what/which Srikrishna said.

गीता सुगीता कर्तव्या Gita is to be sung well

किमन्यैः शास्त्रविस्तरैः What is the use of elaborating other sastras?

आपः water - the word has only plural forms.

यद्वत्...तद्वत् as...so.

यद्वत् आपः समुद्रं प्रविशन्ति तद्वत् कामाः यं प्रविशन्ति - as water enters into the ocean, so into whom desires enter.

Grammar

1. Declension

Ablative case generally denotes the person/thing from whom/which detachment/separation/ablation takes place. In the use of certain words ablative is binding.

Ablative case - singular, dual and plural (पञ्चमीविभक्तिः एकवचनम् द्विवचनम्, बहुवचनम् च)

Gender Ablative - sing., dual, plural Ending

a)

रामात्, रामाभ्यां, रामेभ्यः

- आत्, - आभ्यां, - एभ्यः

Masculine

पत्युः, पतिभ्यां, पतिभ्यः

- उः - इभ्यां - इभ्यः

साधोः, साधुभ्यां, साधुभ्यः

ओः - उभ्यां - उभ्यः

तस्मात्, ताभ्यां, तेभ्यः

- आत्, - आभ्यां, - एभ्यः

एतस्मात्, एताभ्यां, एतेभ्यः

- आत्, - आभ्यां, - एभ्यः

Feminine

सीतायाः, सीताभ्यां, सीताभ्यः

- याः – आभ्यां - आभ्यः

पत्न्याः, पत्नीभ्यां, पत्नीभ्यः

- याः - ईभ्यां - ईभ्यः

तस्याः, ताभ्यां, ताभ्यः

- याः - आभ्यां - आभ्यः

एतस्याः, एताभ्यां, एताभ्यः

- याः – आभ्यां - आभ्यः

Neuter   फलात्, फलाभ्यां, फलेभ्यः

- आत्, - आभ्यां, - एभ्यः

तस्मात्, ताभ्यां, तेभ्यः

- आत्, - आभ्यां, - एभ्यः

एतस्मात्, एताभ्यां, एतेभ्यः

- आत्, - आभ्यां, - एभ्यः

b) त्वं, अहम्

त्वं - त्वत्, युवाभ्यां, युष्मत्

- त्, - आभ्यां, - त्

अहं - मत्, आवाभ्यां, अस्मत्

- त्, - आभ्यां, - त्

Note

1. Dual forms of instrumental (तृतीया), dative (चतुर्थी) and ablative (पञ्चमी) are the same in all genders.

2. Plural forms of dative (चतुर्थी) and ablative (पञ्चमी) are the same in all genders.

2. Combination

व्यासः + एव - व्यस् अः + ए व - व्यास् अ + ए व = व्यास एव।

हताः + भवेयुः - हत् आः + भ् अवेयुः - हत् आ + भ् अवेयुः = हता भवेयुः

Rule (8) - a विसर्ग coming after अ will be lost when it is followed by a vowel or a consonant other than क, ख, च, छ, ट, ठ, त, थ, प, फ, श, ष and स.

विस्तरैः + इति - विस्तर् ऐः + इति - विस्तर् ऐर् + इति = विस्तरैरिति।

इन्द्रियैः + विषयान् - इन्द्रिय् ऐः + विषयान् - इन्द्रिय् ऐर् + विषयान् = इन्द्रियैर्विषयान्।

Rule (9) - a विसर्ग coming after a vowel other than अ will become र when it is followed by a vowel or a consonant other than क, ख, च, छ, ट, ठ, त, थ, प, फ, श, ष and स.

अतः + गीता - अत् अः + गई ता = अतो गीता

पार्थः + योद्धा - पार्थ् अः + य् ओद्धा - पार्थ् अ उ - पार्थ् ओ + य् ओद्धा = पार्थो योद्धा।

Rule (10) - a विसर्ग coming after अ will become उ when it is followed by a consonant other than क, ख, च, छ, ट, ठ, त, थ, प, फ, श, ष and स.

Rule (5) - when अ or आ is followed by उ or ऊ both together will be replaced by ओ this also will apply here.

3. Conjugation

विधिलिङ् (potential mood)

भ्वादि (class 1 type) - भू धातुः (root भू) meaning सत्ता (to be, become). विधिलिङ् (Potential mood)

Person		**Number Ending**	
	एकवचनं	द्विवचनं	बहुवचनं
प्रथमपुरुषः	भवेत्	भवेतां	भवेयुः
...एत्	...तां	...एयुः	
मध्यमपुरुषः	भवेः	भवेतं	भवत
...एः	...तं	...त	
उत्तमपुरुषः	भवेयं	भवेव	भवेम
...एयं	...एव	...एम	

EXCERCISES

1. **Write the ablative case - singular, dual and plural (पञ्चमीविभक्तिः - एकवचनम्, द्विवचनम्, बहुवचनम् च) of the nominative case - singular given.**

   a) Model:

   व्यासः --- व्यासात् - व्यासाभ्यां - व्यासेभ्यः।

   अर्जुनः, श्रीकृष्णः, कौरवः, पाण्डवः, पार्थसारथिः, युद्धः, पार्थः, विषण्णः, आविष्टः, आचार्यः, पितामहः, मातुलः, श्वशुरः, श्यालः, पुत्रः, पौत्रः, हतः, नरः, पावकः, मारुतः, अच्छेद्यः, अदाह्यः, अक्लेद्यः, अशोष्यः, नित्यः, सर्वगतः, स्थाणुः, अचलः, सनातनः, अव्यक्तः, अचिन्त्यः, अविकार्यः, क्रोधः, सम्मोहः, स्मृतिविभ्रमः, बुद्धिनाशः, आत्मवश्यः, रागद्वेषवियुक्तः विषयः, कामः, निर्ममः, निरहंकारः, निस्स्पृहः।

   b) Model:

   गीता --- गीतायाः - गीताभ्यां - गीताभ्यः।

   भारतस्था, उपदेशरूपा, परा, कृपा, सुगीता, कर्तव्या, शान्तिः, सीता, निद्रा, इच्छ, मयसुता, पीडा, कौसल्या, सुमित्रा, दयिता, भार्या।

   c) Model:

   शास्त्रम् --- शास्त्रात् - शास्त्राभ्यां - शास्त्रेभ्यः।

   सारं, अष्टकम्, जीर्णम्, अपरम्, नवम्, शरीरम्, अन्यम्, शस्त्रम्, तीव्रं, अवध्यत्वं, विमानं, वैदिकं, यागादिकं, तरुरहं, चेष्टितम्, सङ्कटम्, तटं, स्तोत्रम्, भयं, साहाय्यं, सर्वम्, राज्यम्, सत्यम्।

2. **Combine the following:**

   a) Model:

   व्यासः + एव = व्यास एव।

   i) मातुलाः + एव

   ii) श्वशुराः + एते

   iii) हताः + भवेयुः

   iv) पावकः + एनम्

v) अक्लेद्यः + एव

vi) अशोष्यः + एव

vi) अविकार्यः + एव

vii) कामाः + अत्र

viii) आपः + आपूर्यमाणम्

ix) स्मृतिविभ्रमः + इति

x) अचिन्त्यः + इव

xi) पौत्राः + इति

b) Model:

विस्तरैः + इति - विस्तरैरिति।

i) कोरवैः + इव

ii) अन्यैः + अपि

iii) वश्यैः + आत्मा

iv) वियुक्तैः + एव

v) भूपतिः + इति

vi) पुरोहितैः + विद्वान्

vii) पत्नीः + अवदत्

viii) महामुनिः + गत्वा

ix) नृपतिः + उन्नतः

x) अस्त्रैः + जनकः

c) Model:

अतः + गीता = अतो गीता।

i) अर्जुनः + विषण्णः

ii) पितरः + हि

iii) श्रीकृष्णः + गतः

iv) नरः + जीर्णानि

v) पावकः + न

vi) अच्छेद्यः + भवति

vii) अदाह्यः + न

viii) अक्लेद्यः + जलेन

ix) कृष्णः + युद्धम्

x) यः + न

xi) सः + व्यासः

xii) रामः + बलवान्

xiii) रावणः + राक्षसः

xiv) दशरथः + राजा।

3. Some roots and their third person singular form of लट्
(present tense) are given below. ± Write the conjugatonal
forms in all the persons and numbers of विधिलिङ् (Potential
mood).

Model: भू to be, become भवति (p.t.t.p.n.s.) विधिलिङ् (Potential
mood)

Person	Number		
	एकवचनं	द्विवचनं	बहुवचनं
प्रथमपुरुषः	भवेत्	भवेतां	भवेयुः
मध्यमपुरुषः	भवेः	भवेतं	भवत
उत्तमपुरुषः	भवेयं	भवेव	भवेम

खाद् - खादति, गद - गदति, शुच - शोचति, वाञ्छि - वाञ्छति, कूज - कूजति,
गर्ज - गर्जति, तर्ज - तर्जति, मुडि - मुण्डति, क्रीड् - क्रीडति, भण - भणति,
गम् - गच्छति, चर् - चरति, जि - जयति, तप - तपति, हस् - हसति, पच् -
पचति, यज् - यजति, लस् - लसति, वद् - वदति, वस् - वसति, रक्ष् - रक्षति,
प्रच्छ - पृच्छति, पिब् - पिबति, यच्छ - यच्छति, चर् - चरति।

4. Identify the ending, gender, case and number of the following:

Model:

उपमन्यवे - उ ending, masculine, dative, singular (उकारान्तः पुंलिङ्गः चतुर्थी एकवचनम्)

हे अर्जुन, श्रीकृष्णो, कौरवान्, पाण्डवाय, पार्थसारथिभ्यां, युद्धात्, पार्थः, विषण्णाः, आचार्येण, हे पितामहाः, मातुलात्, श्वशुरम्, श्यालैः, स्थाणुभिः, बुद्धिनाशाभ्यां, विषयात्, कामम्, पराम्, कृपया, गीतायाः, कर्तव्ये, शान्तिः, सीतया, निद्रायाः, इच्छया, मयसुताम्, पीडाभ्याम्, सुमित्रायै, दयिताभ्यः, भार्याभ्यः, सारे, अष्टकम्, जीर्णानि, अपरैः, नवानि, शरीरात्, अन्येभ्यः, शस्त्राय, तीव्रे, कृष्णार्जुनौ, विमानाभ्यां, वैदिकेन, यागादिकं, तरुरत्नात्, चेष्टितानि, सङ्कटाभ्यां, तटात्, स्तोत्राणि, भये।

5. Identify the tense or mood, person and number of the following:

Model:

भवेताम् - potential mood, third person, dual (विधिलिङ् प्रथमपुरुषः द्विवचनम्)

वदतां, रक्षन्तु, भवतः, अभवन्, भविष्याव, अपृच्छः, कल्पयेत्, भवेत, कल्पयामः, गच्छ, भविष्यसि, भव, पिबतात्, भवेयं, अचिन्तयत, भविष्यामि, पिब, पिबन्ति, उद्दिरन्ति, भवानि, अर्हसि, गच्छतां, भविष्यन्ति, अपृच्छन्, अभवम्, भवाव, छिन्दन्ति, दहेत्, प्रविशेयुः।

6. Match the following:

a	b
यूयं	भवेयुः
अहं	भवतात्
रामलक्ष्मणौ	भवेम
देवः	भवेतम्
राक्षसाः	भवेत
आवां	भवेताम्

युवां	भवेयम्
त्वं	भवेव
वयं	भवेत्
सः	भवेः

7. Make ten Sanskrit sentences of your own.

8. Translate into Sanskrit:

    1. Vyasa is the author of Bhagavadgita.

    2. Once upon a time there took place a battle between the Kauravas and the Pandavas.

    3. Krishna and Arjuna belong to the Pandava side.

    4. Arjuna was filled with extreme compassion.

    5. I do not wish to kill the teachers.

    6. Having discarded wornout bodies the soul receives new new ones.

    7. The soul is incapable of being cut, burnt and wet.

    8. Having known the soul you need not grieve.

    9. Infatuation originates from anger and loss of memory originates from infatuation.

    10. The person who discards all desires attains peace.

9. Memorise:

    Rule (8) - a विसर्ग coming after अ will be lost when it is followed by a vowel or a consonant other than क, ख, च, छ, ट, ठ, त, थ, प, फ, श, ष and स.

    Rule (9) - a विसर्ग coming after a vowel other than अ will become र when it is followed by a vowel or a consonant other than क, ख, च, छ, ट, ठ, त, थ, प, फ, श, ष and स.

Rule (10) - a विसर्ग coming after अ will become उ when it is followed by a consonant other than क, ख, च, छ, ट, ठ, त, थ, प, फ, श, ष and स.

10. a) Read aloud and write:

- एः वाल्मीकेः इकारान्तः पुंलिङ्गः पञ्चमी एकवचनम्।

- इभ्यां वाल्मीकिभ्यां इकारान्तः पुंलिङ्गः पञ्चमी द्विवचनम्।

- इभ्यः वाल्मीकिभ्यः इकारान्तः पुंलिङ्गः पञ्चमी बहुवचनम्।

- आत् नारदात् अकारान्तः पुंलिङ्गः पञ्चमी एकवचनम्।

- आभ्यां नारदाभ्यां अकारान्तः पुंलिङ्गः पञ्चमी द्विवचनम्।

- एभ्यः नारदेभ्यः अकारान्तः पुंलिङ्गः पञ्चमी बहुवचनम्।

- ओः महाबाहोः उकारान्तः पुंलिङ्गः पञ्चमी एकवचनम्।

- उभ्यां महाबाहुभ्यां उकारान्तः पुंलिङ्गः पञ्चमी द्विवचनम्।

- उभ्यः महाबाहुभ्यः उकारान्तः पुंलिङ्गः पञ्चमी बहुवचनम्।

b) Read aloud and write:

- एत् भवेत् भू धातुः विधिलिङ् प्रथमपुरुषः एकवचनम्।

- तां भवतां भू धातुः विधिलिङ् प्रथमपुरुषःद्विवचनम्।

- युः भवेयुः भू धातुः विधिलिङ् प्रथमपुरुषः बहुवचनम्।

- एः भवेः भू धातुः विधिलिङ मध्यमपुरुषः एकवचनम्।

- तं भवेतं भू धातुः विधिलिङ मध्यमपुरुषः द्विवचनम्।

- त भवेत भू धातुः विधिलिङ् मध्यमपुरुषः बहुवचनम्।

- यं भवेयं भू धातुः विधिलिङ् उत्तमपुरुषः एकवचनम्।

- एव भवेव भू धातुः विधिलिङ् उत्तमपुरुषः द्विवचनम्।

- एम भवेम भू धातुः विधिलिङ् उत्तमपुरुषः बहुवचनम्।

माण्डूक्योपनिषद्।

(अथर्ववेदस्य उपनिषदस्ति माण्डूक्यम्। उपनिषदः गौडपादविरचिताः कारिकाः सन्ति। उपनिषदः कारिकाणां च श्रीशंकराचार्यविरचितं भाष्यमस्ति। श्रीशंकराचार्याणां कालानन्तरं अन्यैरप्याचार्यैः भाष्याणि विरचितानि। मूलभूतमुपनिषन्मात्रमत्रदीयते।)

ओमित्येतदक्षरमिदं सर्वं तस्योपव्याख्यानं भूतं भवद्भविष्यदिति सर्वमोंकार एव। यच्चान्यत् त्रिकालातीतं तदप्योंकार एव ॥ १ ॥

सर्वं ह्येतद्ब्रह्मायमात्मा ब्रह्म सोऽयमात्मा चतुष्पात् ॥ २ ॥

जागरितस्थानो बहिःप्रज्ञः सप्तांग एकोनविंशतिमुखः स्थूलभुग्वैश्वानरः प्रथमः पादः ॥ ३ ॥

स्वप्नस्थानोऽन्तप्रज्ञः सप्तांग एकोनविंशतिमुखः प्रविविक्तभुक् तैजसो द्वितीयः पादः ॥ ४ ॥

यत्र सुप्तो न कंचन कामं कामयते न कंचन स्वप्नं पश्यति तत् सुषुप्तम्।

सुषुप्तस्थानैकीभूतः प्रज्ञानघन एवानन्दमयो ह्यानन्दभुक् चेतोमुखः प्राज्ञः तृतीयः पादः ॥ ५ ॥

एष सर्वेश्वर एष सर्वज्ञ एषोऽन्तर्याम्येष योनिः सर्वस्य प्रभवाप्ययौ हि भूतानाम् ॥ ६ ॥

नान्तःप्रज्ञं न बहिःप्रज्ञं नोभयतःप्रज्ञं न प्रज्ञानघनं न प्रज्ञं नाप्रज्ञम्। अदृष्टमव्यवहार्यमग्राह्यमलक्षणमचिन्त्यमव्यपदेश्यमेकात्मप्रत्ययसारं प्रपञ्चोपशमं शान्तं शिवमद्वैतं चतुर्थं मन्यन्ते स आत्मा स विज्ञेयः ॥ ७ ॥

सोऽयमात्माध्यक्षरमोंकारोऽधिमात्रं पादा मात्रामात्राश्च पादा अकार उकारो मकार इति ॥ ८ ॥

जागरितस्थानो वैश्वानरोऽकारः प्रथमा मात्रासेरादिमत्त्वाद्वा आप्नोति ह वै सर्वान् कामानादिश्च भवति य एवं वेद ॥ ९ ॥

स्वप्नस्थानस्तैजस उकारो द्वितीया मात्रोत्कर्षादुभयत्वाद्वा उत्कर्षति ह वै।

ज्ञानसंपत्तिं समानश्च भवति नास्याब्रह्मवित्कुलीनो भवति य एवं वेद ॥ १० ॥

सुषुप्तस्थानः प्राज्ञो मकारस्तृतीया मात्रामितेरपीतेर्वा मिनोति ह वा इदं सर्वमपीतिश्च भवति य एवं वेद ॥ ११ ॥

अमात्रश्चतुर्थोऽव्यवहार्यः प्रपञ्चोपशमः शिवोऽद्वैत एवमोंकार आत्मैव संविशत्यात्मनात्मानं य एवं वेद य एवं वेद ॥ १२ ॥

Vocabulary

Abbreviations used

Besides those given earlier:

ap. - आत्मनेपद (atmanepada)

ge. - Genitive case (षष्ठीविभक्तिः)

pp. - परस्मैपद (parasmaipada)

उपनिषद् (f.n.s.) Upanishad	अथर्ववेदस्य (m.ge.s.) of the Atharvaveda/ Atharvaveda's
माण्डूक्यम् (n.n.s.) Mandukyam	अस्ति (p.t.t.p.s.) there is/is
गौडपादविरचिताः (f.n.p.) composed by Gaudapada	उपनिषदः (f.ge.s.) for/of the Upanishad/ Upanishad's
सन्ति (p.t.t.p.p.) there are/are	कारिकाः (f.n.p.) couplets/verses
श्रीशंकराचार्यविरचितं (n.n.s.) composed by Srisankaracharya	कारिकाणां (f.ge.p.) for/of the couplets/verses
श्रीशंकराचार्याणां (m.ge.p.) for/of Srisankaracharya/ Srisankaracharya's	भाष्यं (n.n.s.) commentary
अन्यैः (m.in.p.) by others	कालानन्तरं (i.) after the period/ time
आचार्यैः (m.in.p.) by the teachers	अपि (i.) also
विरचितानि (n.n.p.) composed/ those composed	भाष्याणि (n.n.p.) commentaries
मात्रं (i.) only/alone	मूलभूतं (n.n.s.) that which is original/basic
ओम् (i.) AUM	दीयते (ap.p.t.t.p.s.) being given
एतद् (n.n.s.) this	इति (i.) so/that
इदं (n.n.s.) this	अक्षरम् (n.n.s.) syllable

तस्य (n.ge.s.) for/of it/that	सर्वं (n.n.s.) all/everything
भूतं (n.n.s.) the past	उपव्याख्यानं (n.n.s.) explication/ explanation
भविष्यद् (n.n.s.) the future	भवद् (n.n.s.) the present
एव (i.) verily/only	ओंकारः (m.n.s.) the letter AUM
त्रिकालातीतं (n.n.s.) that which is beyond the three points of time	अन्यत् (n.n.s.) that which is beyond/different
ब्रह्म (n.n.s.) Brahman	हि (i.) because
आत्मा (m.n.s.) Atman/the soul	अयम् (m.n.s.) this
जागरितस्थानः (m.n.s.) one who/ that which has wakefulness as his/its state	चतुष्पात् (m.n.s.) one who/that which is quadruped/has four quarters
सप्तांग (m.n.s.) one who/that which has seven limbs	बहिःप्रज्ञः (m.n.s.) one who/that which is externally conscious
स्थूलभुक् (m.n.s.) one who/that which enjoys gross objects	एकोनविंशतिमुखः (m.n.s.) one who/that which has nineteen mouths
प्रथमः (m.n.s.) first	वैश्वानरः (m.n.s.) Vaishvanara
स्वप्रस्थानः (m.n.s.) one who/ that which has dream as his/ its state	पादः (m.n.s.) quarter/foot
प्रविविक्तभुक् (m.n.s.) one who/ that which enjoys subtle objects	अन्तःप्रज्ञः (m.n.s.) one who/that which is internally conscious
द्वितीयः (m.n.s.) second	तैजसः (m.n.s.) Taijasa
सुप्तः (m.n.s.) one who has slept	यत्र (i.) where
कामं (m.a.s.) desire	कंचन (m.a.s.) one/someone/ something
स्वप्रं (m.a.s.) dream	कामयते (ap.p.t.t.p.s.) loves/ desires
सुषुप्तम् (n.n.s.) deep sleep	पश्यति (pp.p.t.t.p.s.) sees/ visualises

प्रज्ञानघन (m.n.s.) one who/ that which is a mass of consciousness	सुषुप्तस्थानैकीभूतः (m.n.s.) one who/that which has become unified with the state of deep sleep
आनन्दभुक् (m.n.s.) one who/that which enjoys bliss	आनन्दमयः (m.n.s.) one who/that which is full of bliss
प्राज्ञः (m.n.s.) Prajna	चेतोमुखः (m.n.s.) one whose mouth is consciousness
एषः (m.n.s.) this	तृतीयः (m.n.s.) third
सर्वज्ञः (m.n.s.) omniscient	सर्वेश्वरः (m.n.s.) the Lord of all
योनिः (f.n.s.) source	अन्तर्यामी (m.n.s.) one who/that which is in dwelling
प्रभवाप्ययौ (m.n.d.) beginning and end	सर्वस्य (n.ge.s.) of all
अन्तःप्रज्ञं (m.a.s.) one who/that which is internally conscious	भूतानाम् (n.ge.p.) of all beings
उभयतःप्रज्ञं (m.a.s.) one who/that which is conscious both ways	बहिःप्रज्ञं (m.a.s.) one who/that which is externally conscious
प्रज्ञं (m.a.s.) one who/that which is conscious	प्रज्ञानघनं (m.a.s.) one who/that which is a mass of consciousness
अदृष्टम् (m.a.s.) one who/that which is unseen	अप्रज्ञम् (m.a.s.) one who/that which is unconscious
आग्राह्यम् (m.a.s.) one who/that which is inconceivable	अव्यवहार्यम् (m.a.s.) one who/that which is beyond discourse
अचिन्त्यम् (m.a.s.) one who/that which is not subject to thought	अलक्षणम् (m.a.s.) one who/that which is indefinable
एकात्मप्रत्ययसारं (m.a.s.) the sole essence of the consciousness of the only Atman	अव्यपदेश्यम् (m.a.s.) one who/that which cannot be designated
शान्तं (m.a.s.) one who is peaceful	प्रपञ्चोपशमं (m.a.s.) the abode of retreat from the entire world

अद्वैतं (m.a.s.) one who is without a second	शिवम् (m.a.s.) one who is blissful
मन्यन्ते (ap.p.t.t.p.p.) consider/regard/know	चतुर्थं (m.a.s.) fourth
विज्ञेयः (m.n.s.) one who/that which is to be realised	आत्मा (m.n.s.) self/soul/Atman
अधिमात्रं (n.n.s.) that which is the abode of the time for the utterance of the syllable	अध्यक्षरम् (n.n.s.) that which is the abode of the syllable
मात्राः (f.n.p.) the time for the utterance of the syllable	पादाः (m.n.p.) the quarters
उकारः (m.n.s.) the letter उ	अकारः (m.n.s.) the letter अ
प्रथमा (f.n.s.) first	मकारः (m.n.s.) the letter म
आप्तेः (f.ab.s.) because of access/reach	मात्रा (f.n.s.) the time for the utterance of the syllable
वा (i.) or	आदिमत्त्वाद् (m.ab.s.) because of its being first
ह (i.) it is said	आप्नोति (pp.p.t.t.p.s.) accomplishes/attains
सर्वान् (m.a.p.) all	वै = एव (i.) only
आदिः (m.n.s.) the first	कामान् (m.a.p.) wishes
एवं (i.) so/thus	यः (m.n.s.) first
उभयत्वात् (m.ab.s.) because of both natures	वेद (pp.p.t.t.p.s.) knows
ज्ञानसन्ततिं (f.a.s.) the progeny of knowledge	उत्कर्षात् (m.ab.s.) because of excellence
अस्य (m.ge.s.) of this/him	उत्कर्षति (pp.p.t.t.p.s.) exalts
सुषुप्तस्थानः (m.n.s.) one who/that which has dream as his/its state	समानः (m.n.s.) one who/that which is equal
तृतीया (f.n.s.) third	अब्रह्मवित्कुलीनः (m.n.s.) one who is ignorant of Brahman born in the family

अपीतेः (f.ab.s.) because into it enters	मितेः (f.ab.s.) because of measure
अपीतिः (f.n.s.) entry/union	मिनोति (pp.p.t.p.s.) dissolves
चतुर्थः (m.n.s.) fourth	अमात्राः (m.n.s.) one who/ that which has no मात्रा
प्रपञ्चोपशमः (m.n.s.) retreat from the world	अव्यवहार्यः (m.n.s.) one who/ that which is beyond discourse
अद्वैतं (m.n.s.) non- dual	शिवः (m.n.s.) one who/that which is peaceful
ओंकारः (m.n.s.) the syllable ओं	एवं (i.) in this way/thus
संविशति (pp.p.t.p.s.) merges	आत्मा (m.n.s.) the soul
आत्मानं (m.a.s.) to the soul	आत्मना (m.in.s.) by the soul

Notes on the Vocabulary

The Upanishad was composed around 500 BC and so the language is not classical Sanskrit. The matter is symbolic and philosophical too.

उपनिषद् - the word is feminine.

कारिकाः - the couplets/verses dealing with science, philosophy, grammar etc. are called so and not verses of poems such as Kalidasa's Raghuvamsha or dramas such as Shakuntala.

भाष्यम् - it is defined as follows:

सूत्रार्थो वर्ण्यते यत्र वाक्यैः सूत्रानुसारिभिः

स्वपदानि च वर्ण्यन्ते भाष्यं भाष्यविदो विदुः ||

Word order - यत्र सूत्रार्थः सूत्रानुसारिभिः वाक्यैः वर्ण्यते स्वपदानि च वर्ण्यन्ते (तद्) भाष्यं भाष्यविदो विदुः

Meaning - That which, explains the meaning of the aphorism in sentences which exactly follow the aphorism and also explains the meaning of the words in such sentences, is a commentary (भाष्य); those who are well-versed in commentary (भाष्य) say so.

It may also be noted that in verses, pronouns such as तद् which follow relative pronouns such as यद् will be omitted to keep the metre.

ओम् - अ + उ + म्

सोऽयम् - सः + अयम् - this that which was mentioned.

ह - indeed, but often it is used as a verse-filler to keep metre.

वा इदं - वै + इदम् - वै - indeed, but often it is used as a verse-filler to keep metre.च, तु, हि etc are also so.

मिनोति - dissolves. The word is rarely used. In classical Sanskrit it is not found.

य एवं वेद य एवं वेद - one who knows thus. There is a practice in the Upanishads etc. to repeat the concluding words of a chapter, part or whole of a text. This is a technique employed in the oral tradition to indicate the end of chapter, part or whole of a text as the case may be.

Grammar

1. Declension

Genitive case generally denotes relation, it is equivalent to the English 'of' and apostrophe.

Genitive case - singular, dual and plural (षष्ठीविभक्तिः - एकवचनम्, द्विवचनम्, बहुवचनम् च)

Gender Genitive - sing., dual, plural ending

a)

रामस्य, रामयोः, रामाणां

- अस्य - अयोः - आणां

Masculine   पत्युः, पत्योः, पतीनां

- उः - योः - ईनाम्

साधोः, साध्वोः, साधुनां

\- ओः - वोः - ऊनाम्

तस्य, तयोः, तेषां

\- अस्य - अयोः - एषाम्

एतस्य, एतयोः, एतेषां

\- अस्य - अयोः - एषाम्

सीतायाः, सीतयोः, सीतानाम्

\- याः - अयोः - आनाम्

Feminine पत्न्याः, पत्न्योः पत्नीनां

\- याः - योः - इनाम्

तस्याः, तयोः, तासाम्

\- याः - योः - आसाम्

एतस्याः, एतयोः, एतासां

\- याः - योः - आसाम्

Neuter फलस्य, फलयोः, फलानां

\- अस्य - अयोः - आनाम्

तस्य, तयोः, तेषां

\- अस्य - अयोः - एषाम्

एतस्य, एतयोः, एतेषां

\- अस्य - अयोः - एषाम्

b) त्वं, अहम्

त्वं - तव/ते, युवयोः/ वां, युष्माकं /वः

..अ/ए, ..योः/आं, ..आकं /अः

अहं - मम/मे, आवयोः/नौ, अस्माकं /नः

..अ/ए, ..योः/औ, ..आकं/अः

Note

1. Singular forms of ablative (पञ्चमी) and genitive (षष्ठी) are the same in इ/उ-ending masculine and आ/ई-ending feminine.

2. **Pada distinction (पदभेदः)**

   There are two padas in Sanskrit: Atmanepada (आत्मनेपदम्) and Parasmaipada (परस्मैपदम्)

   The word Atmanepada (आत्मनेपदम्) means word for oneself and it denotes that the fruit of the action accrues to the subject. Example पचते cooks for oneself. The word Parasmaipada (परस्मैपदम्) means word for another and it denotes that the fruit of the action accrues to someone other than the subject. Example पचति cooks for others. This is the theoretical origin of the pada distinction, but it is not strictly practised, especially in later Sanskrit. However, there is pada distinction in Sanskrit and it has to be learned. Some roots are conjugated in one pada only while others are conjugated in both the padas.

Root (धातुः)	Parasmaipada (परस्मैपदम्) (p.t.t.p.s.)	Atmanepada (आत्मनेपदम्) (p.t.t.p.s.)
पच् (to cook) खाद् (to eat)	पचति खादति	पचते
वदि (to salute/praise)		वन्दते

3. **Conjugation of Atmanepada (आत्मनेपदम्)**

   भ्वादि (class 1 type) - वदिधातुः (root वदि) meaning अभिवादनस्तुत्योः (to salute/praise) लट् (present tense)

Person	Number		
	एकवचनं	द्विवचनं	बहुवचनं
प्रथमपुरुषः	वन्दते	वन्देते	वन्दन्ते
मध्यमपुरुषः	वन्दसे	वन्देथे	वन्दध्वे
उत्तमपुरुषः	वन्दे	वन्दावहे	वन्दामहे

Note the ending

Person	Number		
	एकवचनं	द्विवचनं	बहुवचनं
प्रथमपुरुषः	..ते	..एते	..अन्ते
मध्यमपुरुषः	..असे	..एथे	..अध्वे
उत्तमपुरुषः	..ए	..आवहे	..आमहे

Some other Atmanepada roots belonging to the भ्वादि (class 1 type) -

बाध् - to harass/oppress/do harm बाधते (लट् प्रथमपुरुषः एकवचनम्)।

स्पन्द् - to vibrate/shake स्पन्दते (लट् प्रथमपुरुषः एकवचनम्)।

मुद् - to be glad/delighted मोदते (लट् प्रथमपुरुषः एकवचनम्)।

यत् - to exert/take effort/work hard यतते (लट् प्रथमपुरुषः एकवचनम्)।

जन् - to be born/originate जायते (लट् प्रथमपुरुषः एकवचनम्)।

सेव् - to serve सेवते (लट् प्रयमपुरुषः एकवचनम्)।

ईक्ष् - to see ईक्षते (लट् प्रथमपुरुषःएकवचनम्)।

भाष् - to speak/utter भाषते (लट् प्रथमपुरुषः एकवचनम्)।

भास् - to shine/glitter भासते (लट् प्रथमपुरुषः एकवचनम्)।

कल्प् - to be competent/fit कल्पते (लट् प्रथमपुरुषः एकवचनम्)।

सह् - to bear/suffer सहते (लट् प्रथमपुरुषः एकवचनम्)।

4. Combination (सन्धिः)

उपनिषत् + मात्रम् - उपनिषन् - मात्रम् = उपनिषन्मात्रम्।

तद्वत् + मात्रा - तद्वन्- मात्रा = तद्वन्मात्रा।

Rule (11) - त, थ, द, ध, न and स, when followed by च, छ, ज, झ, ञ or श will become, छ, ज, झ, ञ and श respectively.

Rule (12) - क, च, ट, त and प occuring in the end of a word, when followed by ङ, ञ, ण, न or म, may become ङ, ञ, ण, न and म respectively. The rule is optional except when the particle मय follows where it is compulsory. Example - चिन्मयम्

कारिकाः + तत्र - कारिकास् - तत्र = कारिकास्तत्र।

योनिः+ सर्वस्य - योनिस् - सर्वस्य = योनिस्सर्वस्य।

Rule (13) - a विसर्ग will become स when it is followed by क, ख, च, ट, त, प, फ, श, ष or स.

A विसर्ग will become स when it is followed by क, ख, च, ट, त, प, फ, श, ष or स applies first and then by –

Rule (14) - When स and त are respectively followed by श and च they will change into श and च respectively.

आदिः + च - आदिस् - च -- आदिश् - च = आदिश्च।

उपशमः + शिवः - उपशमस् - शिवः -- उपशमश् - शिवः = उपशमश्शिवः।

यत् + च - यच्च

then by Rule (11) - त, थ, द, ध, न and स, when followed by च, छ, ज, झ, अ or श will become च, छ, ज, झ, अ and श respectively.

5. Prashlesha or avagraha (प्रश्लेषः अथवा अवग्रहः)

Prashlesha or avagraha (प्रश्लेषः अथवा अवग्रहः) is the sign ऽ that is used to denote अ which was lost in combination.

स्वप्नस्थानोऽन्तप्रज्ञः

एषोऽन्तर्यामी

ओंकारोऽधिमात्रम्

वैश्वानरोऽङ्कारः

चतुर्थोऽव्यवहार्यः

EXERCISES

1. Write the genitive case - singular, dual and plural (षष्ठीविभक्तिः - एकवचनम्,द्विवचनम्, बहुवचनम् च) of the nominative case - singular given.

a) Model:

अथर्ववेदः --- अथर्ववेदस्य - अथर्ववेदयोः - अथर्ववेदानाम्।

गौडपादः, विरचितः, श्रीशंकराचार्यः, कालः, अन्यः, आचार्यः, ओंकारः, जागरितस्थानः, बहिःप्रज्ञः, सप्तांगः, एकोनविंशतिमुखः, वैश्वानरः, प्रथमः, पादः, स्वप्नस्थानः, अन्तप्रज्ञः, तैजसः, द्वितीयः, सुप्तः, कामः, एकीभूतः, प्रज्ञानघनः, आनन्दमयः, चेतोमुखः, प्राज्ञः, तृतीयः, सर्वेश्वरः, सर्वज्ञः, प्रपञ्चोपशमः, शान्तः, शिवः, विज्ञेयः, अकारः, उकारः, मकारः।

b) Model:

विरचिता --- विरचितायाः – विरचितयोः - विरचितानाम्।

कारिका, मात्रा, प्रथमा, द्वितीया, तृतीया, भारतस्था, उपदेशरूपा, परा, कृपा, सुगीता, कर्तव्या, शान्तिः, सीता, निद्रा, इच्छा, मयसुता, पीडा, कौसल्या, सुमित्रा, दयिता, भार्या।

c) Model:

माण्डूक्यम् --- माण्डूक्यस्य- माण्डूक्ययोः - माण्डूक्यानाम्।

भाष्यम्, विरचितम्, मूलम्, अक्षरम्, सर्वम्, व्याख्यानम्, भूतम्, त्रिकालातीतम्, सुषुप्तम्, सारं, अष्टकम्, जीर्णम्, अपरम्, नवम्, शरीरम्, अन्यम्, शस्त्रम्, तीव्रं, अवध्यत्वं, विमानं, वैदिकं, यागादिकं, रत्नं, चेष्टितम्, सङ्कटम्, तटं, स्तोत्रम्, भयं, साहाय्यं, सर्वम्, राज्यम्, सत्यम्।

2. Combine the following:

a) Model:

उपनिषत् + मात्रम् = उपनिषन्मात्रम्।

अन्यत् + मित्रम्, द्राक् + महान्।

Rule (12) - क, च, ट, त and प occuring in the end of a word, when followed by ङ, ञ, ण, न or म, may become ङ, ञ, ण, न and

म respectively. The rule is optional except when the particle मय follows where it is compulsory. Example - चिन्मयम्

a) Model:

आदिः + तत् - आदिस् + तत् = आदिस्तत्।

कः + तत्र, पीनः + कः, स्वतः + ते।

Rule (13) - a विसर्ग will become स् when it is followed by क, ख, च, ट, त, प, फ, श, ष or स.

a) Model:

यत् + च = यच्च

अवदत् + च, अभवद् + जनः।

Rule (11) - त, थ, द, ध, न and स,when followed by च, छ, ज, झ, ञ or श, will become च, छ, ज, झ, ञ and श respectively.

3. Some roots and their Atmanepada (आत्मनेपदम्) third person singular form of लट् (present tense) are given below. ± Write the conjugatonal forms in all other persons and numbers of लट् (present tense).

Model:

वदिधातुः Atmanepada (root वदि) - वन्दते

Person	**Number**		
	एकवचनं	द्विवचनं	बहुवचनं
प्रथमपुरुषः	वन्दते	वन्देते	वन्दन्ते
मध्यमपुरुषः	वन्दसे	वन्देथे	वन्दध्वे
उत्तमपुरुषः	वन्दे	वन्दावहे	वन्दामहे

बाध् - बाधते, स्पन्द् - स्मन्दते, मुद् - मोदते, यत् - यतते, जन् - जायते, सेव् - सेवते, ईक्ष् - ईक्षते, भाष् - भाषते, भास् - भासते, कल्प् - कल्पते, सह - सहते।

4. Identify the ending, gender, case and number of the following:

Model:

विरचितायाः - आ ending, feminine, ablative/genitive, singular (आकारान्तः स्त्रीलिङ्गः षष्टी एकवचनम्)

पार्थिवस्य, सर्वासाम्, सन्ततिः, खिन्नयोः, सुतलाभात्, सुमन्त्रवचनेन, मुनिं, यागस्य, पुरोहितैः, पात्राणाम्, पायसभक्षणेन, पत्नीनाम्, उत्साहस्य, गर्भवत्यः, तनयानाम्, ब्राह्मणेभ्यः, यागरक्षायाः, प्रयासेन, विश्वामित्राय, विश्वामित्राज्ञया, अस्त्रस्य, जनकयोः, सीतायाः, पुत्राय, वनवासाय, वृत्तान्तस्य, देहेभ्यः।

5. Identify the pada, tense or mood, person and number of the following:

Model:

वन्देते - atmanepada, present tense, third person, dual (आत्मनेपदं लट् प्रथमपुरुषः द्विवचनम्)

वदन्तु, रक्ष, भवतः, अभवन्, भविष्याव, अपृच्छः, कल्पयेत्, वन्दसे, कल्पयामः, वदतु, रक्षत, भवन्तु, अभवत्, वन्दे, अपृच्छत्, कल्पयसि, भवाम, कल्पयामि, गच्छ, भविष्यथ, भवत, पिबतात्, भवतं, अचिन्तयत्, वन्दावहे, पिब, पिबन्ति, भवानि, अर्हथ, अभक्षयन्, भविष्यसि, गच्छतां, अपृच्छन्, अभवम्, अयच्छताम्, भवाव।

6. Match the following:

a	b
यूयं	भवेयुः
अहं	भवतात्
रामलक्ष्मणौ	भवेम
देवः	भवेतम्
राक्षसाः	भवेत्
आवां	अभणाव
युवां	भवेयम्

त्वं	भवेव
वयं	वन्दे
सः	वन्देते

7. Make ten Sanskrit sentences of your own.

8. Translate into English:

१. अथर्ववेदस्य उपनिषद् भवति माण्डूक्यम्।

२. गौडपादविरचिताः माण्डूक्यकारिकाः सन्ति।

३. श्रीशंकराचार्यविरचितं भाष्यमस्ति।

४. अन्यैरप्याचार्यैः भाष्यानि विरचितानि।

५. ओमित्येतदक्षरमिदं सर्वम्।

६. यच्चान्यत् त्रिकालातीत तदप्योंकार एव।

७. सर्वं ह्येतद्ब्रह्मायमात्मा चतुष्पात्।

८. जागरितस्थानो बहि:प्रज्ञः स्थूलभुग्वैश्वानरः प्रथमः पादः।

९. स्वप्नस्थानोऽन्तप्रज्ञः सप्तांग एकोनविंशतिमुखः तैजसो द्वितीयः पादः।

१०. सुषुप्तस्थानैकीभूतः आनन्दभुक् चेतोमुखः प्राज्ञः तृतीयः पादः।

9. Memorise:

Rule (11) - क, च, ट, त and प occuring in the end of a word, when followed by ङ, ञ, ण, न or म, may become ङ, ञ, ण, न and म respectively. The rule is optional except when the particle मय follows where it is compulsory.

Example - चिन्मयम्

Rule (12) - a विसर्ग will become स् when it is followed by क, ख, च, ट, त, प, फ, श, ष or स.

Rule (13) - त, थ, द, ध, न and स, when followed by च, छ, ज, झ, ञ or श, will become च, छ, ज, झ, ञ and श respectively.

10. a) Read aloud and write:

- ए: वाल्मीके: इकारान्त: पुंलिङ्ग: षष्ठी एकवचनम्।

- यो: वाल्मीक्यो: इकारान्त: पुंलिङ्ग: षष्ठी द्विवचनम्।

- ईनां वाल्मीकीनाम् इकारान्त: पुंलिङ्ग: षष्ठी बहुवचनम्।

- स्य नारदस्य अकारान्त: पुंलिङ्ग: षष्ठी एकवचनम्।

- यो: नारदयो: अकारान्त: पुंलिङ्ग: षष्ठी द्विवचनम्।

- आनां नारदानाम् अकारान्त: पुंलिङ्ग: षष्ठी बहुवचनम्।

- ओ: महाबाहो: उकारान्त: पुंलिङ्ग: षष्ठी एकवचनम्।

- वो: महाबाह्वो: उकारान्त: पुंलिङ्ग: षष्ठी द्विवचनम्।

- ऊनां महाबाहूनाम् उकारान्त: पुंलिङ्ग: षष्ठी बहुवचनम्।

b) Read aloud and write:

- ते वन्दते वदिधातु: आत्मनेपदं लट् प्रथमपुरुष: एकवचनम्।

- एते वन्देते वदिधातु: आत्मनेपदं लट् प्रथमपुरुष: द्विवचनम्।

- अन्ते वन्दन्ते वदिधातु: आत्मनेपदं लट् प्रथमपुरुष: बहुवचनम्।

- से वन्दसे वदिधातु: आत्मनेपदं लट् मध्यमपुरुष: एकवचनम्।

- एथे वन्देथे वदिधातु: आत्मनेपदं लट् मध्यमपुरुष: द्विवचनम्।

- ध्वे वन्दध्वे वदिधातु: आत्मनेपदं लट् मध्यमपुरुष: बहुवचनम्।

- ए वन्दे वदिधातु: आत्मनेपदं लट् मध्यमपुरुष: एकवचनम्।

- आवहे वन्दावहे वदिधातु: आत्मनेपदं लट् उत्तमपुरुष: द्विवचनम्।

- आमहे वन्दामहे वदिधातु: आत्मनेपदं लट् उत्तमपुरुष: बहुवचनम्।

चारुदत्तः वसन्तसेना च।

आसीदुज्जयिन्यां नगर्यां दीनानां कल्पवृक्षः सकलकलावल्लभश्च चारुदत्तो नाम वणिक्। तस्मिन् महापुरुषे सर्वेषामपि नगरवासिनां निरुपमा प्रीतिरतिमहानादरश्चावर्धतानुदिनम्। उदारमतिः सः स्वीयं धनं जनेभ्यो दत्वा दत्वा कालान्तरे अत्यन्तं दरिद्रः संवृत्तः। तथापि सःस्वीयगुणान् न तत्याज॥

उज्जयिन्यामेवावसत् उज्जयिनीललामभूता गणिककुलजाता चारित्रसंपन्ना परमसुन्दरी वसन्तसेना नाम। सा चारुदत्तेऽनुरक्ता बभूव। कस्मिंश्चिदुत्सवावसरे कस्मिंश्चिदुद्याने वसन्तसेनायाश्चारुदत्तस्य च प्रथमं परस्परदर्शनमभवत्। तदा तयोरन्योन्यानुरागः अङ्कुरितः, क्रमेण सः पल्लवितः अवर्धत च॥

एकदा प्रदोषतिमिरे प्रसृते वसन्तसेना चारुदत्तगृहं गन्तुं प्रारभत। मध्येमार्गं राजश्यालः शकारः विटचेटानुगतः एकाकिनीं वसन्तसेनां प्रणयाभ्यर्थनया सहोपजगाम।

शकारः - तिष्ठ वसन्तसेने तिष्ठ, तव कृतेमम हृदयं दहति।

वसन्तसेना - शान्तं पापम्, अपेहि मूर्ख,अनार्यं मन्त्रयसि।

वसन्तसेनया एवं प्रणयाभ्यर्थनायां निरस्तायां सत्यां शकारः कुपितः सन् बलात्कारेण तां गृहीतुमिच्छन् विटं प्रत्यवदत् - एषा दासी दरिद्रचारुदत्तानुरक्ता न मां कामयते, वामस्तस्य गृहं, तस्मादवश्यं किञ्चित् कर्तव्यमिति। वसन्तसेना तु चारुदत्तगृहं वामत इति श्रुत्वाश्वसन्ती स्वसान्निध्यसूचकानि नूपुराणि पुष्पमाल्यानि चावमुच्य मन्दं मन्दं परिक्रम्य चारुदत्तगृहद्वारमुपगम्यातिष्ठत्।

विनाविलम्बं गृहद्वारमपावृतमभवत्। चारुदत्तस्य सुहृन्मैत्रेयः दीपहस्ता परिचारिका रदनिका च गृहाद्बहिरागच्छताम्। वसन्तसेना पटान्तेन दीपं निर्वाप्यान्तः प्राविशत्। निर्वापितं दीपं प्रज्वलयितुं मैत्रेयः यावद्गृहाभ्यन्तरं गतस्तावद् गृहद्वारे तिष्ठन्तीं रदनिकां वसन्तसेनाबुद्ध्या केशेष्वग्रहीत् शकारः। रदनिका किमिदमिति भीताभवत्। तदानीमेव मैत्रेयः दीपं प्रज्वाल्य तत्रागच्छत्। रदनिकापरिभवं दृष्ट्वा सः सक्रोधमुवाच - आर्यचारुदत्तस्य दरिद्रतया सांप्रतं परपुरुषाः गेहं प्रविशन्ति? दुष्टस्य तव मस्तकं दण्डकाष्ठेन प्रहृत्य कुट्टयिष्यामि इति। विटस्तावत् अनुनयपूर्वकं मैत्रेयस्य पादयोः प्रणनाम। मैत्रेयः तमनुनयमङ्गीचिकार। विटस्तु आर्यचारुदत्तस्य नायं वृत्तान्त आख्यातव्य इति प्रार्थितवान्। शकारस्तावत् असंतृप्तोऽपि विटानुनयेन कथञ्चित् ततः प्रत्यगच्छत्॥

चारुदत्तः वसन्तसेनां वस्तुतः अनभिज्ञाय रदनिकाबुद्ध्या तामवदत् रोहसेनं सुतं गृहीत्वा अन्तः प्रविश इति। वसन्तसेना तूष्णीमतिष्ठत्। अत्रान्तरे रदनिकया साकं मैत्रेयश्च तत्रागतः। चारुदत्तः इयं रदनिका, इयमपरा का इति संभ्रान्तोऽभवत्। पुनः वसन्तसेनां परिज्ञाय चारुदत्तः क्षमामयाचत, वसन्तसेना च अनुज्ञां विना गृहान्तःप्रवेशकृते क्षमामयाचत। मैत्रेयः शकारवृत्तान्तं चारुदत्ताय न्यवेदयत्। चारुदत्तः तदगणयच्च।।

वसन्तसेना सविनयं चारुदत्तमुवाच तदीयालङ्कारजातं चारुदत्तगृहे न्यासं निक्षेप्तुम्। चारुदत्तस्तु प्रथमं तदर्थं नानुमतिं ददौ। पुनरपि वसन्तसेनाभ्यर्थनया सः मैत्रेयमवदत् तस्याः अलङ्कारजातं स्वीकर्तुम्। मैत्रेयस्तथैवाकरोच्च। न्यासः खल्वसाविति चारुदत्तोऽवदत्। मैत्रेयस्तु तर्हि चोराः अपहरन्तु इति सपरिहासमुवाच। सर्वे श्रुत्वा मैत्रेयवाक्यमहसन्। चारुदत्तानुगता वसन्तसेना स्वगृहं प्रत्यगच्छच्च।।

Vocabulary

Abbreviations used

besides those given earlier:

ap. - आत्मनेपद (atmanepada)

cl.2 - class 2 root (अदादि)

I. Locative case (सप्तमीविभक्तिः)

pp.- परस्मैपद parasmaipada)	p.pr.- past perfect (लिट्)
आसीद् (cl.2.pp.p.i.t.p.s.) there was/was	उज्जयिन्यां (f.l.s.) in Ujjaini
नगर्यां (f.l.s.) in the city	दीनानां (m. ge.p.) to those in distress
कल्पवृक्षः (m.n.s.) Kalpa tree	सकलकलावल्लभ (m.n.s.) one proficient in all arts
चारुदत्तः (m.n.s.) Charudatta	वणिक् (m.n.s.) merchant
तस्मिन् (m.l.s.) in him	महापुरुषे (m.l.s.) in that great man
सर्वेषां (m.ge.p.) for all	नगरवासिनां (m.ge.p.) for those who dwell in the city
निरुपमा (f.n.s.) unsurpassed	प्रीतिः (f.n.s.) love

अतिमहान् (m.n.s.) very great	आदरः (m.n.s.) respect
अवर्धत (cl.1.ap.p.i.t.p.s.) grew/ increased	अनुदिनम् (i.) day by day/daily
उदारमतिः (m.n.s.) magnanimous	स्वीयं (n.a.s.) one's own
धनं (n.a.s.) money	जनेभ्यो (m.d.p.) to the people
दत्वा (i.) having given	कालान्तरे (n.l.s.) in the long run
अत्यन्तं (i.) extremely	दरिद्रः (m.n.s.) poor
संवृत्तः (m.n.s.) one who has become	स्वीयगुणान् (m.a.p.) one's own qualities
तत्याज (cl.1.pp.p.pr.t.p.s.) gave up	उज्जयिनीललाम भूता (f.n.s.) one who was the ornament of Ujjaini
गणिककुलजाता (f.n.s.) one who was born in the family of courtesans	चारित्रसंपन्ना (f.n.s.) one who possesses chastity
परमसुन्दरी (f.n.s.) extremely beautiful	वसन्तसेना (f.n.s.) Vasanthasena
चारुदत्ते (m.l.s.) in Charudatta	अनुरक्ता (f.n.s.) one who has fallen in love
बभूव (cl.1.pp.p.pr.t.p.s.) became	कस्मिंश्चिद् (m.l.s.) in some
उत्सवावसरे (m.l.s.) on the occasion of festival	उद्याने (m.l.s.) in the garden
वसन्तसेनायाः (f.ge.s.) of Vasanthasena	चारुदत्तस्य (m.ge.s.) of Charudatta
प्रथमं (n.n.s.) first	परस्परदर्शनं (n.n.s.) meeting each other
तदा (i.) then	तयोः (m.ge.d.) their/of both
अन्योन्यानुरागः (m.n.s.) mutual love	अङ्कुरितः (m.n.s.) sprouted
क्रमेण (i.) in due course	पल्लवितः (m.n.s.) that which has spread tender leaves

एकदा (i.) once	प्रदोषतिमिरे (m.l.s.) in the darkness at the close of the day
प्रसृते (m.l.s.) on spreading	चारुदत्तगृहं (m.a.s.) to the house of Charudatta
गन्तुं (i.) to go	प्रारभत (cl.1.ap.p.i.t.p.s.) started/ set out
मध्येमार्गं (i.) on the way	राजश्यालः (m.n.s.) brother- in-law of the king
शकारः (m.n.s.) Sakara	विटचेटानुगतः (m.n.s.) followed by Vita and Cheta
एकाकिनीं (f.a.s.) alone/lonely	वसन्तसेनां (f.a.s.) to Vasanthasena
प्रणयाभ्यर्थनया (f.in.s.) soliciting love	सह (i.) with/along with
उपजगाम (cl.1.pp.p.pr.t.p.s.) approached	तिष्ठ (cl.1.pp.i.m.s.p.s.) stop/ stand
वसन्तसेने (f.v.s.) Vasanthasena!	तव (s.p.ge.s.) your
कृते (i.) for	मम (f.p.ge.s.) my
हृदयं (n.n.s.) heart	दहति (cl.1.pp.p.t.t.p.s.) burns
शान्तं (n.n.s.) extinguished	पापम् (n.n.s.) sin
अपेहि (cl.2.pp.i.m.s.p.s.) you get away	मूर्ख (m.v.s.) fool
अनार्यं (n.a.s.) not gentle/ nonsense	मन्त्रयसि (cl.10.pp.p.t.s.p.s.) you talk
वसन्तसेनया (f.in.s.) by Vasanthasena	एवं (i.) thus/so/in this way
प्रणयाभ्यर्थनायां (f.l.s.) in the request for love	निरस्तायां (f.l.s.) having discarded/denied
सत्यां (f.l.s.) she/it being so	कुपितः (m.n.s.) angry/one who has lost temper
सन् (m.n.s.) being	बलात्कारेण (m.in.s.) forcefully
तां (f.a.s.) her	गृहीतुम् (i.) to take

इच्छन् (m.n.s.) wishing	विटं (m.a.s.) to Vita
प्रति (i.) to/towards	एषा (f.n.s.) this
दासी (f.n.s.) slave	दरिद्रचारुदत्तानुरक्ता (f.n.s.) having fallen in love with the penniless Charudatta
मां (f.a.s.) me	कामयते (ap.p.t.t.p.s.) loves/desires
वामतः (i.) on the left	तस्य (m.ge.s.) his
गृहं (n.n.s.) house	तस्माद् (m.ab.s.) therefore
अवश्यं (i.) certainly	किञ्चित् (n.n.s.) something
कर्तव्यम् (n.n.s.) to be done	चारुदत्तगृहं (n.n.s.) house of Charudatta
श्रुत्वा (i.) having heard	आश्वसन्ती f.n.s.) one who comforts herself
स्वसान्निध्यसूचकानि (n.n.p.) those which indicate one's presence	नूपुराणि (n.n.p.) anklets
पुष्पमाल्यानि (n.n.p.) flower garlands	अवमुच्य (i.) having removed
मन्दं (i.) slowly	परिक्रम्य (i.) having walked around
चारुदत्तगृहद्वारम् (n.a.s.) the door of Charudatta's house	उपगम्य (i.) having reached
अतिष्ठत् (cl.1.pp.p.i.t.p.s.) stood	विनाविलम्बं (i.) without delay
गृहद्वारम् (n.n.s.) the door of the house	अपावृतम् (n.n.s.) that which is opened
सुहृत् (m.n.s.) friend	मैत्रेयः (m.n.s.) Maitreya
दीपहस्ता (f.n.s.) one who has light/lamp in her hand	परिचारिका (f.n.s.) servant maid
रदनिका (f.n.s.) Radanika	गृहाद् (n.ab.s.) from the house
बहिः (i.) outside	आगच्छताम् (cl.1.pp.p.i.t.p.d.) arrived/came
पटान्तेन (m.in.s.) with the end of the garment	दीपं (m.a.s.) the light/lamp

निर्वाप्य (i.) having extinguished/ blown out	अन्तः (i.) in/inside
प्राविशत् (cl.1.pp.p.i.t.p.s.) entered/went in	निर्वापितं (m.a.s.) that which is extinguished/ blown out
प्रज्वलयितुं (i.) to light	गृहाभ्यन्तरं (m.a.s.) inside the house
गतः (m.n.s.) one who has gone	तावद् (i.) in the meantime
गृहद्वारे (n.l.s.) at the door of the house	तिष्ठन्तीं (f.a.s.) to her who stands
रदनिकां (f.a.s.) to Radanika	वसन्तसेनाबुद्ध्या (f.in.s.) mistaking her for Vasanthasena
केशेषु (m.l.p.) on her hairs	अग्रहीत् (cl.9.pp.p.i.t.p.s.) caught
भीता (f.n.s.) one who is afraid/ frightened	तदानीम् (i.) then
प्रज्वाल्य (i.) having lighted	आगच्छत् (cl.1.pp.p.i.t.p.s.) arrived/came
रदनिकापरिभवं (m.a.s.) disgrace of Radanika	दृष्ट्वा (i.) having seen
सक्रोधम् (i.) with anger	उवाच (cl.2.pp.p.p.t.p.s.) said
आर्यचारुदत्तस्य (m.ge.s.) of the noble Charudatta	दरिद्रतया (f.in.s.) because/on account of poverty
सांप्रतं (i.) now	परपुरुषाः (m.n.p.) strangers
गेहं (m.a.s.) to the house	प्रविशन्ति (cl.1.pp.p.t.t.p.p.) enter
दुष्टस्य (m.ge.s.) of the wicked	तव (m.ge.s.) your
मस्तकं (n.a.s.) head	दण्डकाष्ठेन (n.in.s.) with a piece of wood
प्रहृत्य (i.) having battered/ beaten	कुट्टयिष्यामि (cl.1.pp.s.f.f.p.s.) I will pierce
विटः (m.n.s.) Vita	अनुनयपूर्वकं (i.) with consolation
मैत्रेयस्य (m.ge.s.) of Maitreya	पादयोः (m.ge.d.) at the feet of Maitreya
प्रणनाम (cl.1.pp.p.p.t.p.s.) bowed	अनुनयम् (m.a.s.) consolation

अङ्गीचकार (cl.8.pp.p.p.t.p.s.) accepted	अयं (m.n.s.) this
वृतान्तः (m.n.s.) incident	आख्यातव्यः (m.n.s.) that which is to be narrated
प्रार्थितवान् (m.n.s.) prayed/ requested	असंतृप्तः (m.n.s.) dissatisfied
विटानुनयेन (m.in.s.) with the consolation of Vita	कथञ्चित् (i.) somehow/with difficulty
ततः (i.) from there	प्रत्यगच्छत् (cl.1.pp.p.i.t.p.s.) returned
वस्तुतः (i.) really/in fact	अनभिज्ञाय (i.) having not known
रदनिकाबुद्ध्या (f.in.s.) mistaking her for Radanika	रोहसेनं (m.a.s.) to Rohasena
सुतं (m.a.s.) to the son	गृहीत्वा (i.) having taken
प्रविश (cl.1.pp.i.m.s.p.s.) enter/ get in	तूष्णीम् (i.) silently/without making noise
अतिष्ठत् (cl.1.pp.p.i.t.p.s.) stood	अत्र (i.) here
अन्तरे (m.l.s.) in the mean time	आगतः (m.n.s.) one who has come/arrived
इयं (f.n.s.) this	अपरा (f.n.s.) another
संभ्रान्तः (m.n.s.) one who is confused	परिज्ञाय (i.) having known
क्षमाम् (f.a.s.) pardon	अयाचत (cl.1.ap.p.i.t.p.s.) begged
अनुज्ञां (f.a.s.) permission	विना (i.) without
गृहान्तःप्रवेशकृते (i.) for entering inside the house	शकारवृत्तान्तं (m.a.s.) incident of Sakara
चारुदत्ताय (m.d.s.) to Charudatta	न्यवेदयत् (cl.1.pp.p.i.t.p.s.) informed
अगणयत् (cl.1.pp.p.i.t.p.s.) ignored/neglected	सविनयं (i.) with modesty
चारुदत्तम् (m.a.s.) to Charudatta	तदीयालङ्कारजातं (n.a.s.) the collection of her ornaments

चारुदत्तगृहे (m.l.s.) in the house of Charudatta	न्यासं (m.a.s.) deposit
निक्षेप्तुम् (i.) to deposit	प्रथमं (i.) at first
तदर्थं (i.) for that	अनुमतिं (f.a.s.) permission
ददौ (cl.3.pp.p.p.t.p.s.) gave	वसन्तसेनाभ्यर्थनया (f.in.s.) on the request/prayer of Vasanthasena
तस्याः (f.ge.s.) her	अलङ्कारजातं (n.a.s.) the collection of ornaments
स्वीकर्तुम् (i.) to accept	अकरोत् (cl.8.pp.p.i.t.p.s.) did
न्यासः (m.n.s.) deposit	खलु (i.) only
असौ (m.n.s.) this	तर्हि (i.) then/so
चोराः (m.n.p.) thieves	अपहरन्तु (cl.1.pp.i.m.t.p.p.) let (them) steal
सपरिहासम् (i.) jokingly	मैत्रेयवाक्यम् (n.n.s.) words of Maitreya
हसन् (cl.1.pp.p.i.t.p.p.) laughed	चारूदत्तानुगता (f.ge.s.) having followed Charudatta
स्वगृहं (n.a.s.) her own house	प्रत्यगच्छत् (cl.1.pp.p.i.t.p.s.) returned

Notes on the Vocabulary

दीनानां कल्पवृक्षः - Kalpa tree to those in distress. The Kalpa tree is supposed to be in the heavens of the Devas where they seek anything and everything from the tree and get the same.

मध्येमार्गं - on the way. मार्गमध्ये also can be used in the same sense.

प्रणयाभ्यर्थनायां निरस्तायां सत्यां शकारः कुपितः on the request for love being discarded, Sakara lost temper. When one's one action takes place while or as a result of another action the other action and its subject or object will be used in the locative. This is called सतिसप्तमी or सत्सप्तमी.

गोषु दुह्यमानासु सतीषु सः गतः - He went while the cows were being milked.

भर्तरि पीडिते सति भार्या जीवं तत्याज - the wife gave up her life on her husband being tortured.

विनाविलम्बं/विलम्बेन विना - without delay

प्रज्वलयितुं/ज्वालयितुं - to light

मैत्रेयः यावद्गृहाभ्यन्तरं गतस्तावद् - Maitreya went into the house and in the meantime.

Grammar

1. Declension

Locative case generally denotes location/base; it is equivalent to the English case form with 'in'/'on'.

Locative case - singular, dual and plural (सप्तमीविभक्तिः - एकवचनम्, द्विवचनम्, बहुवचनम् च)

Gender Locative - sing., dual, plural Ending

a)

रामे, रामयोः, रामेषु

- ए- अयोः - एषु

Masculine पत्यौ, पत्योः, पतिषु

- औ - योः - इषु

साधौ, साध्वोः साधुषु

- औ - वोः - उषु

तस्मिन्, तयोः, तेषु

- स्मिन् - अयो: - एषु

एतस्मिन्, एतयोः, एतेषु

- स्मिन् - अयो: - एषु

सीतायां, सीतयोः, सीतासु

- याः - अयोः - आसु

Feminine

पत्न्यां, पत्न्योः, पत्नीषु

- यां - योः - ईषु

तस्यां, तयोः, तासु

- यां - योः - आसु

एतस्यां, एतयोः, एतासु

- यां योः आसु

Neuter

फले, फलयोः, फलेषु

- ए, अयोः, - एषु

तस्मिन्, तयोः, तेषु

- स्मिन् - अयोः - एषु

एतस्मिन्, एतयोः, एतेषु

- स्मिन् - अयोः - एषु

b) त्वं, अहम्

त्वं - त्वयि, युवयोः, युष्मासु

.. यि, .. योः, .. आसु

अहं - मयि, आवयोः, अस्मासु

... यि, .. योः, .. आसु

2. Conjugation

लिट् (Past Perfect) Parasmaipada

भ्वादि (class 1 type) - भूधातुः (root भू) meaning सत्ता (to be, become), लिट् (past perfect)

Person	Number		
	एकवचनं	द्विवचनं	बहुवचनं
प्रथमपुरुषः	बभूव	बभूवतुः	बभूवुः

	..अ	..अतुः	..वुः
मध्यमपुरुषः	बभूविथ	बभूवथुः	बभूव
	..इथ	..अथुः	..अ
उत्तमपुरुषः	बभूव	बभूविव	बभूविम
	..अ	..इव	..इम

लङ् (past imperfect) - Atmanepada

भ्वादि (class 1 type) - वदिधातुः (root वदि) meaning अभिवादनस्तुत्योः (to salute/praise) लङ् (past imperfect)

Person	**Number**		
	एकवचनं	द्विवचनं	बहुवचनं
प्रथमपुरुषः	अवन्दत	अवन्देतां	अवन्दन्त
	..त	..एतां	..अन्त
मध्यमपुरुषः	अवन्दथाः	अवन्देथां	अवन्दध्वम्
	..थाः	..एथां	..ध्वम्
उत्तमपुरुषः	अवन्दे	अवन्दावहि	अवन्दामहि
	..ए	..आवहि	..आमहि

3. Combination (सन्धिः)

कस्मिन् + चित् - कस्मिन्स् + चित्

Rule (14) - न occuring in the end of a word, when followed by च, छ, ट, ठ, त or थ, will receive an additional स after it.

And then:

कस्मिन् + स् + चित् - कस्मिन् + श् + चित्

Rule (15) - त, थ, द, ध, न and स when followed by च, छ, ज, झ, ञ or श, will become च, छ, ज, झ, ञ and श respectively.

And then:

कस्मिन् +श् + चित् - कस्मिं+श् + चित् = कस्मिंश्रित्

Rule (16) - न and म occuring not in the end of a word, when followed by a consonant other than ङ, ञ, ण, न, म, य, व, र, ल or ह, will become अनुस्वार.

EXERCISES

1. Write the locative case - singular, dual and plural (सप्तमीविभक्तिः - एकवचनम्, द्विवचनम्, बहुवचनम् च) of the nominative case - singular given.

   a) Model:

   कल्पवृक्षः --- कल्पवृक्षे - कल्पवृक्षयोः - कल्पवृक्षेषु।

   दीनः, सकलकलावल्लभः, चारुदत्तः, महापुरुषः, आदरः, सः, स्वीयः, जनः, दरिद्रः, संवृत्तः, अनुरागः, अङ्कुरितः, पल्लवितः, राजश्यालः, शकारः, विटचेटानुगतः, कुपितः, मैत्रेयः, परपुरुषः, असंतृप्तः, सुतः, आगतः, न्यासः, चोरा।

   b) Model:

   निरुपमा --- निरुपमायां - निरुपमयोः - निरुपमासु।

   उज्जयिनीललामभुता, गणिककुलजाता, चारित्रसंपन्ना, वसन्तसेना, सा, अनुरक्ता, प्रणयाभ्यर्थना, निरस्ता, दीपहस्ता, परिचारिका, रदनिका, दरिद्रता, अपरा, अनुज्ञा, क्षमा, चारुदत्तानुगता।

   c) Model:

   उज्जयिनी --- उज्जयिन्यां - उज्जयिन्योः - उज्जयिनीषु।

   नगरी, परमसुन्दरी, एकाकिनी, दासी, आश्वसन्ती, तिष्ठन्ती।

   d) Model:

   स्वीयं --- स्वीये - स्वीययोः - स्वीयेषु।

   धनं, प्रथमं, परस्परदर्शनं, हृदयं, अनार्यं, गृहं, कर्तव्यं, स्वसान्निध्यसूचकं, नूपुरं, पुष्पमाल्यं, अलङ्कारजातं।

2. Identify the ending, gender, case and number of the following:

Model:

उज्जयिन्यां - ई ending, feminine, locative, singular (ईकारान्तः स्त्रीलिङ्गः सप्तमी एकवचनम्)

नगर्यां, दीनानां, कल्पवृक्षस्य, सकलकलाबल्लभं, चारुदत्ताय, तस्मिन्, महापुरुषे, सर्वेषां, नगरवासिनां, निरुपमाः, उदारमतिः, जनेभ्यो, उत्सवावसरे, उद्याने, अङ्कुरितान्, क्रमेण, प्रदोषतिमिरे, प्रसृते, एकाकिनीं, प्रणयाभ्यर्थनया, वसन्तसेनया, बलात्कारेण, तां, विटं, दासी, नूपुराणि, पुष्पमाल्यानि, दीपहस्ता, गृहाद्, पटान्तेन, दीपं, गृहद्वारे, तिष्ठन्तीं, रदनिकां, वसन्तसेनाबुद्ध्या, केशेषु, दुष्टस्य, दण्डकाष्ठेन, पादयोः।

3. Identify the pada, tense or mood, person and number of the following:

Model:

अवर्धत - atmanepada, past imperfect, third person, singular (आत्मनेपदं लङ् प्रथमपुरुषः एकवचनम्)

तत्याज, आवसत्, बभूव, अभवत्, प्रारभत, उपजगाम, दहति, मन्त्रयसि, कामयते, अतिष्ठत्, आगच्छताम्, प्राविशत्, अग्रहीत्, आगच्छत्, उवाच, प्रविशन्ति, कुट्टयिष्यामि, प्रणनाम, अवदत्, प्रविश, अयाचत, न्यवेदयत्, अगणयत्, ददौ, अकरोत्, अहसन्।

4. Combine the following:

a) Model: कस्मिन् + चित् = कस्मिंश्चित्।

तस्मिन् + च, पुमान् + चरति, जनयन् + च।

b) Model: वल्लभः + च - वल्लभश्च।

आदरः + च, पीनः + चारुदत्तः, वसन्तसेनायाः + चारुदत्तस्य।

5. Some roots and their third person singular form of लिट् (past perfect) are given below. ± Write the conjugatonal forms in all other persons and numbers of लिट् (past perfect).

Model:

भ्वादि - (class 1 type) - भूधातुः (root भू)) meaning सत्ता, (to be, become), लिट् (past perfect)

Person	Number Ending		
	एकवचनं	द्विवचनं	बहुवचनं
प्रथमपुरुषः	बभूव	बभूवतुः	बभूवुः
	..अ	..अतुः	..वुः
मध्यमपुरुषः	बभूविथ	बभूवथुः	बभूव
	..इथ	..अथुः	..अ
उत्तमपुरुषः	बभूव	बभूविव	बभूविम
	..अ	..इव	..इम

खाद् - चखाद, गद - जगाद, शुच - शुशोच, वाछि - ववाञ्छ, कूज - चुकूज, गर्ज - जगर्ज, तर्ज - ततर्ज, मुडि - मुमुण्ड, क्रीड् - चिक्रीड, हस् - जहास, रक्ष् - ररक्ष, प्रच्छ - पप्रच्छ।

6. **Separate the combination:**

    a) Model:

चारुदत्तो नाम - चारुदत्तः + नाम।

अवदन्न, अभवन्नित्यम्, सर्वेषामपि, प्रीतिरतिमहान्, वर्धतानुदिनम्, जनेभ्यो दत्त्वा, तथापि, एवावसत्, चारुदत्तेऽनुरक्ता, तयोरन्योन्यानुरागः, सहोपजगाम, प्रत्यवदत्, वामतस्तस्य, श्रुत्वाश्वसन्ती, चावमुच्य, सुहृन्मैत्रेयः, गतस्तावद्, केशेष्वग्रहीत्, विटस्तु, असंतृप्तोऽपि, क्षमामयाचत, अगणयन्न, खल्वसौ, तथेति, असाविति।

7. Some roots and their Atmanepada (आत्मनेपदम्) third person singular form of लट् (present tense) are given below. ± Write the conjugatonal forms in all persons and numbers of लङ् (past imperfect).

    Model:

वदिधातुः (root वदि) - वन्दते

भ्वादि (class 1 type) - वदिधातुः (root वदि) meaning अभिवादनस्तुत्योः (to salute/praise) लङ् (past imperfect)

Person	**Number**		
	एकवचनं	द्विवचनं	बहुवचनं
प्रथमपुरुषः	अवन्दत	अवन्देतां	अवन्दन्त
	..त	..एतां	..अन्त
मध्यमपुरुषः	अवन्दथाः	अवन्देथां	अवन्दध्वम्
	..थाः	..एथां	..ध्वम्
उत्तमपुरुषः	अवन्दे	अवन्दावहि	अवन्दामहि
	..ए	..आवहि	..आमहि

वृधु - वर्धते, आरंभ् - प्रारभते, बाध् - बाधते, याच् - याचते, स्पन्द् - स्पन्दते, मुद् - मोदते, यत् - यतते, जन् - जायते, सेव् - सेवते, ईक्ष् - ईक्षते, भाष् - भाषते, भास् - भासते, कल्प् - कल्पते, सह् - सहते।

8. Make ten Sanskrit sentences of your own using the words you learned from the present lesson.

9. **Translate into English:**

१. दीनानां कल्पवृक्षः सकलकलावल्लभश्च चारुदत्तः बणिक् आसीत्।

२. सर्वेषामपि नगरवासिनां चारुदत्ते अतिमहानादरः अवर्धतानुदिनम्।

३. उदारमतिः वणिक् चारुदत्तः स्वीयं धनं जनेभ्यो दत्वा दरिद्रः अभवत्।

४. उज्जयिन्यामेवावसत् चारित्रसंपन्ना परमसुन्दरी वसन्तसेना नाम।

५. वसन्तसेना चारुदत्तेऽनुरक्ता बभूव।

६. कस्मिंश्चिदुद्याने वसन्तसेनायाश्चारुदत्तस्य च प्रथमं परस्परदशनमभवत्।

७. वसन्तसेनाचारुदत्तयोरन्योन्यानुरागः अङ्कुरितः क्रमेण पल्लवितः अवर्धत।

८. एकदा वसन्तसेना चारुदत्तगृहं गन्तुं प्रारभत।

10. Translate into Sanskrit:

1. Sakara approached Vasanthasena along with a love-request.

2. Sakara's love-request was rejected by Vasanthasena.

3. Sakara wished to take Vasanthasena forcefully.

4. This slave Vasanthasena does not love me.

5. Flower-garlands and anklets indicate the presence of Vasanthasena.

6. Maitreya was the friend of Charudatta and Radanika the servant.

7. Sakara caught Radanika on her hairs.

8. Charudatta and Vasanthasena went to her house.

11. a) Read aloud and write:

- औ वाल्मीकौ इकारान्तः पुंलिङ्गः सप्तमी एकवचनम्।

- योः वाल्मीक्योः इकारान्तः पुंलिङ्गः सप्तमी द्विवचनम्।

- इषु वाल्मीकिषु इकारान्तः पुंलिङ्गः सप्तमी बहुवचनम्।

- ए नारदे अकारान्तः पुंलिङ्गः सप्तमी एकवचनम्।

- योः नारदयोः अकारान्तः पुंलिङ्गः सप्तमी द्विवचनम्।

- एषु नारदेषु अकारान्तः पुंलिङ्गः सप्तमी बहुवचनम्।

- औ महाबाहौ उकारान्तः पुंलिङ्गः सप्तमी एकवचनम्।

- वोः महाबाह्वोः उकारान्तः पुंलिङ्गः सप्तमी द्विवचनम्।

- उषु महाबाहुषु उकारान्तः पुंलिङ्गः सप्तमी बहुवचनम्।

b) Read aloud and write:

- त अवन्दत वदिधातुः आत्मनेपदं लङ् प्रथमपुरुषः एकवचनम्।

- एतां अवन्दतां वदिधातुः आत्मनेपदं लङ् प्रथमपुरुषः द्विवचनम्।

- अन्त अवन्दन्त वदिधातुः आत्मनेपदं लङ् प्रथमपुरुषः बहुवचनम्।

- थाः अवन्दथाः विदिधातुः आत्मनेपदं लङ् मध्यमपुरुषः एकवचनम्।

- एथां अवन्देथां विदिधातुः आत्मनेपदं लङ् मध्यमपुरुषः द्विवचनम्।

- ध्वम् अवन्दध्वम् विदिधातुः आत्मनेपदं लङ् मध्यमपुरुषः बहुवचनम्।

- ए अवन्दे विदिधातुः आत्मनेपदं लङ् मध्यमपुरुषः एकवचनम्।

- आवहि अवन्दावहि विदिधातुः आत्मनेपदं लङ् उत्तमपुरुषः द्विवचनम्।

- आमहि अवन्दामहि विदिधातुः आत्मनेपदं लङ् उत्तमपुरुषः बहुवचनम्।

c) Read aloud and write:

- अ बभूव भूधातुः लिट् प्रथमपुरुषः एकवचनम्।

- अतुः बभूवतुः भूधातुः लिट् प्रथमपुरुषः द्विवचनम्।

- वुः बभूवुः भूधातुः लिट् प्रथमपुरुषः बहुवचनम्।

- इथ बभूविथ भूधातुः लिट् मध्यमपुरुषः एकवचनम्।

- अथुः बभूवथुः भूधातुः लिट् मध्यमपुरुषः द्विवचनम्।

- अ बभूव भूधातुः लिट् मध्यमपुरुषः बहुवचनम्।

- अ बभूव बभूविव भूधातुः लिट् उत्तमपुरुषः एकवचनम्।

- इव बभूविम भूधातुः लिट् उत्तमपुरुषः द्विवचनम्।

- इम बभूविम भूधातुः लिट् उत्तमपुरुषः बहुवचनम्।

Scan the above QR Code
for the pronunciation of Sanskrit alphabets.